方针管理与转型升级之路

企业的方针管理与精益化、自动化、信息化、数字化及智能化

刘大永　孙菊英◎编著

电子工业出版社
Publishing House of Electronics Industry
北京·BEIJING

内 容 简 介

本书以详细阐述企业的方针管理为切入点，介绍了企业精益化、自动化、信息化、数字化、智能化的基本概念及相互之间的关联关系；介绍了在开展方针管理、进行企业的中长期规划及年度规划时，如何进行精益化、自动化、信息化、数字化、智能化的规划与实施；系统介绍了中国著名的家电企业 A 集团公司在精益化、自动化、信息化、数字化、智能化方面开展的工作及其取得的成果。

本书可供从事企业管理工作、LP 和 TPM 推进工作，以及从事精益化、自动化、信息化、数字化、智能化等工作的人员阅读，也可用作相关人员培训、咨询、辅导的工具书，还可作为高校企业管理相关专业的参考教材。

图书在版编目（CIP）数据

方针管理与转型升级之路 ： 企业的方针管理与精益化、自动化、信息化、数字化及智能化 / 刘大永等编著.

北京 ： 电子工业出版社，2024. 7. -- ISBN 978-7-121-48046-1

Ⅰ. F272

中国国家版本馆 CIP 数据核字第 2024YK3448 号

责任编辑：钱维扬   文字编辑：赵娜

印　　刷：北京天宇星印刷厂

装　　订：北京天宇星印刷厂

出版发行：电子工业出版社

　　　　　北京市海淀区万寿路 173 信箱　邮编：100036

开　　本：720×1 000   1/16   印张：13   字数：228 千字

版　　次：2024 年 7 月第 1 版

印　　次：2024 年 7 月第 1 次印刷

定　　价：58.00 元

凡所购买电子工业出版社图书有缺损问题，请向购买书店调换。若书店售缺，请与本社发行部联系，联系及邮购电话：（010）88254888，88258888。

质量投诉请发邮件至 zlts@phei.com.cn，盗版侵权举报请发邮件至 dbqq@phei.com.cn。

本书咨询联系方式：qianwy@phei.com.cn。

这是一本从企业方针管理的视角，介绍企业如何进行精益化、自动化、信息化、数字化、智能化的规划与实施的书。

1. 方针管理与精益生产（Lean Production，LP）、全面生产管理（Total Productive Management，TPM）的关系

企业要想可持续发展，就必须有明确的方针作为指导。企业的中长期方针，用来总结企业过去 3～5 年的经营情况，规划企业未来 3～5 年的基本方向、目标并出台相应的举措。企业的年度方针，用来总结企业去年的经营情况，规划来年的基本方针、目标并出台相应的举措。

LP 和 TPM 是改善企业管理的有力抓手。在对企业管理改善的实践中，一般都将 LP 与 TPM 融合应用，使企业获得最大的改善收益。

LP 和 TPM 为企业方针管理（方针的编制、实施、稽核与调整、考评与激励）提供了理论依据，也为其提供了方法与工具。

2. 企业方针与精益化、自动化、信息化、数字化、智能化的关系

精益化、自动化、信息化、数字化、智能化是企业发展的必经之路，是帮助企业提升运营能力、创新能力并最终提升企业竞争能力的有效手段，这里从如下三个方面进行分析。

1）企业有迫切的需求

近 10 来年，随着人口红利的结束，出现了劳动力短缺的现象，人工

成本大幅度上升，许多企业不得不引入大量自动化设备取代工人的工作，即"机器换人"。政府部门也出台了一系列政策来鼓励、扶持企业"机器换人"。企业由"机器换人"逐步演变为开展精益化、自动化、信息化、数字化、智能化的改造、转型与升级，希望借助改造、转型与升级来优化产品设计、改善生产、提升产品质量、降低运营成本，最终向国内、国际市场提供高性价比的产品，提升为客户服务的水平。

中国企业身处精益化、自动化、信息化、数字化、智能化改造的热浪之中，已普遍认识到精益化、自动化、信息化、数字化、智能化的改造、转型与升级是提高企业竞争力的主要手段。因此，中国企业有精益化、自动化、信息化、数字化、智能化的改造、转型与升级的迫切需求。

2）政策的鼓励与扶持

国家近年来陆续提出了支持企业智能制造发展的若干政策和专项计划。

（1）在"十三五"期间，工业和信息化部提出 2025 年前推进智能制造发展实施"两步走"战略，持续开展智能制造试点示范。

（2）2021 年，《"十四五"智能制造发展规划》发布，对中国企业的智能制造提出了要求，指明了方向。

3）新一代信息技术的支持

21 世纪以来，移动互联、超级计算、大数据、云计算、物联网、人工智能等新一代信息技术的迅猛发展，为中国企业加快精益化、自动化、信息化、数字化、智能化的改造、转型与升级提供了技术支持。

企业方针引领企业走向精益化、自动化、信息化、数字化、智能化发展之路，而企业的精益化、自动化、信息化、数字化、智能化的实施，支撑了企业方针的实现。

3. 编写本书的缘由

企业在开展方针管理、进行企业的中长期规划及年度规划时，必然会涉及精益化、自动化、信息化、数字化、智能化的规划与实施。在对企业开展方针管理的培训、指导企业落地实施方针管理的实践当中，我们发现，企业的管理人员即使是高级管理人员，对精益化、自动化、信息化、数字化、智能化的概念也是一知半解，对它们之间的逻辑关系并不清楚，对如何推进精益化、自动化、信息化、数字化、智能化以提升企业的竞争能力，理解得不深入、不透彻，导致企业在进行精益化、自动化、信息化、数字化、智能化的规划与实施的过程中，对如何投资、如何组织实施和如何评估实施后的价值难以做出符合自身实际的决策。

所以，作者提炼了 10 多年来指导企业开展方针管理的培训、指导企业落地实施方针管理的咨询服务的经验，编写了《方针管理与转型升级之路：企业的方针管理与精益化、自动化、信息化、数字化及智能化》一书，主要阐述了如下五个方面的内容。

（1）方针管理与 LP、TPM 的关系。LP 和 TPM 是企业方针管理的理论基础，也为方针管理提供了方法与工具。

（2）如何开展方针管理工作。企业在开展方针管理时，要形成方针的编制、实施、稽核与调整、考评与激励的 PDCA［计划（Plan）、执行（Do）、检查（Check）、处理（Act），PDCA］闭环管理。

（3）精益化、自动化、信息化、数字化、智能化的定义及相互之间的关联关系。

（4）在进行方针管理、企业的中长期规划及年度规划时，如何进行精益化、自动化、信息化、数字化、智能化的规划与实施。

（5）中国著名的家电企业 A 集团公司在精益化、自动化、信息化、数字化、智能化方面开展的工作及其取得的成果。

期望本书对企业开展方针管理，进行精益化、自动化、信息化、数字化、智能化的规划与实施有所帮助。

4. 内容编排形式和特点

1）内容翔实、完整

本书涵盖了 LP 和 TPM、方针管理及精益化、自动化、信息化、数字化、智能化的内容，内容翔实、完整。

2）图形化、表格化

阐述中大量使用图形与表格来进行展示，图文并茂、图表并用、直观易懂。

3）尽量少讲理论多讲案例

在编写的过程中，除必不可少的定义及理论介绍外，都通过案例来介绍，而且逢理论必有案例佐证，以方便读者阅读理解。

在本书的编写过程中，参阅了大量与 LP、TPM、信息化、数字化、智能化相关的书籍及文献资料，引用了一些专家及机构的观点，在此对相关作者及专家和机构表示诚挚谢意。

感谢电子工业出版社的钱维扬编辑对本书写作给予的悉心指导。同时，感谢恩师蒋维豪先生，他教授了我很多精益管理方面的知识。

由于时间匆忙，加上作者的水平有限，书中难免有不足之处，恳请广大读者批评指正。

刘大永

于深圳

目录

第二部分 案例篇

第6章 方针管理中精益化、自动化、信息化、数字化、智能化的规划及实施案例

第7章 A集团公司的精益化

第8章 A集团公司的自动化

第一部分

理论篇

第1章

精益生产（LP）
简介

1.1 精益生产（LP）的定义

GB/T 18725—2008《制造业信息化 技术术语》中指出，精益生产（Lean Production，LP）是一种企业经营战略体系，汇集了后勤保证体系和供应链的核心思想及准时制造生产的哲理，用较少的投入生产出能满足客户多方面需求的高质量产品。LP 将客户纳入产品开发过程，把销售代理商和供应商、协作单位纳入生产体系，按客户不断变化着的需求同步组织生产。为减少投入，降低成本，LP 要求杜绝浪费、合理利用企业资源，要最大限度地消除一切不对产品起增值作用的无效工作。

英文"Lean"，作动词使用时是"倾斜""倚靠"的意思；作名词使用时是"瘦肉"的意思；作形容词使用时是"瘦的""苗条的"的意思。在精益生产的语境中意译为"精益"。对"精益"从两个方面解读如下。

"精"表示精准，即投入要少而精（恰当），只在适当的时候生产或提供市场所需数量的产品或服务，或者是只在适当的时候为下道工序提供所需数量的产品或服务。

"益"表示效益，即在所有的经营活动中要浪费最少，经营活动要有效益、要具有经济性。

LP 中强调要消除浪费。大野耐一先生将企业存在的浪费归纳为如下七类：

（1）库存的浪费；

（2）制造过多（早）的浪费；

（3）等待的浪费；

（4）过分加工的浪费；

（5）搬运的浪费；

（6）制造不良的浪费；

（7）动作的浪费。

后来又有人总结出在企业里还存在一类浪费，叫作"未被使用的员工创造力"的浪费，所以现在在企业里，大家都习惯性地称为"八大浪费"。

1.2　LP 的起源

这里通过表 1-1 所示典型事件来介绍 LP 的起源。

表 1-1　与 LP 起源有关的典型事件

序号	典型事件	典型事件介绍
1	丰田生产方式的产生	第二次世界大战之后，为赶超美国通用、福特等汽车公司，丰田汽车的领导人丰田喜一郎、大野耐一和咨询顾问新乡重夫等人，花费数十年，探索出了丰田生产方式（Toyota Production System，TPS）
2	开展"国际汽车计划"的研究项目	1985 年，美国麻省理工学院开展了一个"国际汽车计划"的研究项目，组织专家学者，用了近 5 年的时间，对许多国家的汽车装配制造厂进行考察研究，发现日本丰田生产方式最具竞争力
3	《改变世界的机器》一书出版	美国麻省理工学院的教授詹姆斯·P. 沃麦克、丹尼尔·T. 琼斯等，对丰田生产方式进行了研究与提炼，总结出了一套生产组织与管理的模式，命名为 LP，于 1992 年出版了《改变世界的机器》一书，向全世界传播 LP

续表

序号	典型事件	典型事件介绍
4	《精益思想》一书出版	1. 1996 年《改变世界的机器》的续篇《精益思想》出版，进一步把 LP 的思想概括提炼为精益思维。 2. 精益思维的核心思想就是以最少的投入（人力、设备、资金、材料、时间、空间等），为顾客提供需要的产品和及时的服务，为客户创造出尽可能多的价值。 3. 精益思维适用于所有类型的组织

LP 由最初在生产制造系统的管理实践，已经逐步延伸到企业经营活动的全过程，如精益研发、精益营销、精益供应链等。从这个意义上讲，把"LP"称为"精益管理"，也是可以的。

1.3 LP 消除浪费的逻辑与过程

中国台湾"财团法人中卫发展中心"2007 年出版的《大家来学 TPS 丰田改善直达车》提出了丰田生产方式之屋（丰田生产方式体系框架），如图 1-1 所示。

图 1-1 解释了丰田公司如何通过持续消除浪费，达到最高品质、最低成本、最短交期，这也是 LP 消除浪费的逻辑与过程。

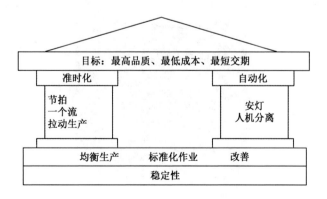

图 1-1 丰田生产方式之屋（丰田生产方式体系框架）

丰田生产方式体系框架有两个支柱，分别是准时化与自动化。丰田生产方式体系框架的基础是均衡生产、标准化作业、改善、稳定性。

1.3.1 准时化

准时化是指准时化生产（Just In Time，JIT），是起源于日本丰田汽车公司的一种生产管理体系。它的基本思想是"只在顾客需要的时候，按需要的量生产顾客所需的产品"。按照 JIT 的理念，通过不断地缩小加工批量，不断减少在制品的库存，使生产系统中的浪费和问题不断地暴露出来，通过消除浪费和解决问题，使生产系统本身不断得到完善，从而保证 JIT 的顺利进行。

JIT 的核心是追求一种无库存的生产系统，或者说是使库存达到最小的生产系统。为实现 JIT，丰田汽车公司开发了包括节拍、一个流、拉动生产在内的一系列具体方法。

1. 节拍

节拍（Takt Time，TT），是指生产一个或一件产品的目标时间值，它是由市场销售情况决定的，与生产线的实际加工时间、设备能力、作业人数等无关。单位通常为秒/件。图 1-2 是××公司安装在生产线线头的生

图 1-2　××公司生产线线头进度实时看板设置生产线的节拍

产线进度实时看板，看板上面设置了生产线的节拍，即该生产线多长时间应该生产出一个产品。

2. 一个流

1）一个流的定义

一个流的全称是"一个流生产"。一个流也叫"单件流"或"连续流"。一个流是指将作业场地、人员、设备（或作业台）等进行合理的配置，按照一定的作业顺序，产品一个一个地依次经过各工序加工，各工序加工一个，检查一个，传递一个，每个工序只有一个或规定数量的小批量产品，产品从原材料到成品完成，工序之间没有在制品周转的生产。一个流生产的示意图如图1-3所示。

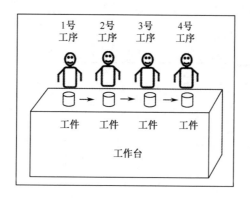

图 1-3 一个流生产的示意图

在图1-3中，1号工序加工完毕立即传递到2号工序。2号工序加工完毕，立即传递到3号工序。3号工序加工完毕，立即传递到4号工序。

2）孤岛式生产

与一个流相对立的是孤岛式生产，孤岛式生产的示意图如图1-4所示。

在图1-4中，工件在1号工序加工完毕，积累到一定数量后，沿着送货路线送到2号工序。2号工序加工完毕，积累到一定数量后，沿着送货路线送到 3 号工序。3 号工序加工完毕，积累到一定数量后，沿着送货路线送到 4 号工序。

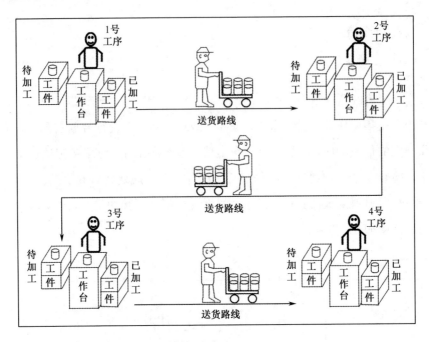

图 1-4 孤岛式生产的示意图

将图 1-3 与图 1-4 进行对比，可以发现一个流生产与孤岛式生产相比有以下显著的优点。

（1）减少了资金的积压。由于图 1-3 中各工序之间是相互连贯的，工序之间没有在制品，或者工序之间只有极少量的、标准量的在制品（标准手持），与图 1-4 相比，会最大限度地减少资金的积压。

（2）快速的质量追溯。图 1-3 中的 1 号工序加工过后的产品如果有质量问题，2 号工序马上就可以发现。在图 1-3 中，由于下道工序可以快速地发现上道工序所加工工件的质量问题，所以不容易形成批量工件的质量事故。在图 1-4 中，由于在制品是大批量流动，所以容易导致出现批量的质量事故。

（3）快速达成交期。在图 1-3 中，由于各工序之间只有一个工件（或是最小批量的工件）在流动，各工序之间是相互连贯的，工件流动速度非常快，有助于向客户快速交付产品。而在图 1-4 中，在制品流动的批量比较大，导致交货速度减慢。

（4）节省场地。对比图 1-3 与图 1-4 可以发现，一个流生产能节省大量的生产场地。

3. 拉动生产

拉动生产也称看板管理，是对生产过程中各工序生产活动进行控制的一套信息系统，看板管理是用看板进行生产现场管理和作业控制的方法。JIT 以逆向拉动方式控制整个生产过程，即从生产线终点的装配线开始，依次由后道工序在必要的时候从前道工序领取必要数量的零部件，而前道工序只在必要的时候生产必要数量的零部件。

看板在拉动生产模式中，是一个起拉动作用的道具。常用的看板有三种：领取看板、生产看板和信号看板。

领取看板的作用是标示后道工序应该向前道工序领取的零部件的种类及数量等信息，如图 1-5 所示为领取看板的一种形式。

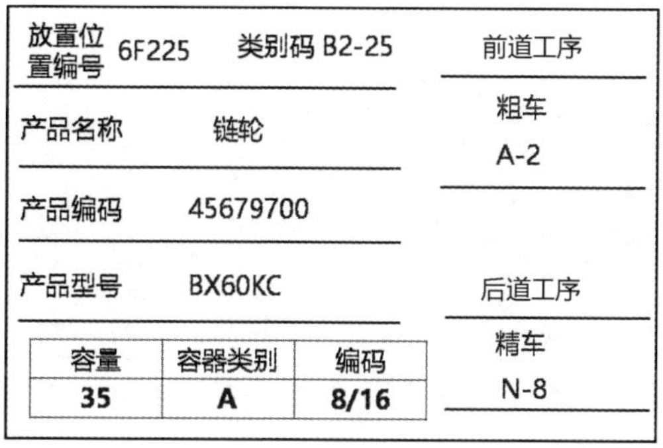

放置位置编号	6F225	类别码 B2-25	前道工序
产品名称	链轮		粗车 A-2
产品编码	45679700		
产品型号	BX60KC		后道工序

容量	容器类别	编码	精车 N-8
35	A	8/16	

图 1-5　领取看板

生产看板的作用是标示前道工序必须生产或订购的零部件的种类及数量等信息，如图 1-6 所示是生产看板的一种形式。

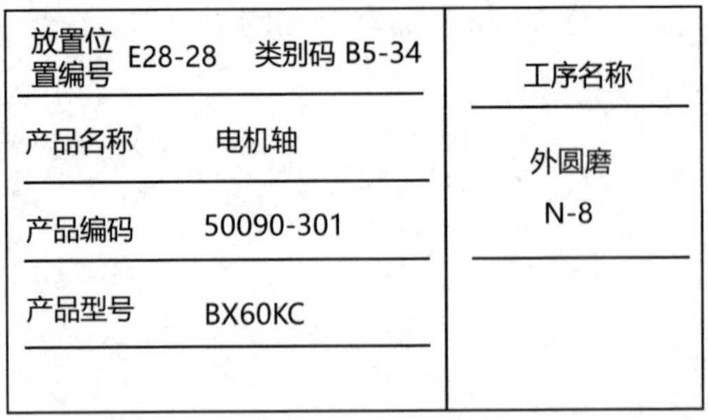

放置位置编号
E28-28
类别码 B5-34
产品名称
电机轴
产品编码
50090-301
产品型号
BX60KC
工序名称
外圆磨
N-8

图 1-6　生产看板

信号看板是在不得不进行成批生产的工序之间所使用的看板。如图 1-7 所示是信号看板的一种形式。

型号：6TQ-54
名称：轴承内圈
放置数量：80
基准数：100箱
货架号：12-7
加工数量：4箱 400件
生产线编号：1号线

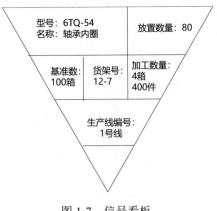

图 1-7　信号看板

1.3.2　自动化

自动化是指当不良品发生（或有可能发生）时，会自动检测、自动停止机器及自动报警，有着人工智能的自动控制技术。自动化是一种当人、机、生产线有异常或质量缺陷发生时，能使机器或生产线自动停止工作的技术装置。自动化是 JIT 的重要支撑之一。

为实现自动化，丰田汽车公司开发了包括安灯、人机分离等在内的具体方法。

1. 安灯

安灯（Andon）是应用在车间生产线上的实时呼叫系统，当生产线上出现问题时，用来帮助生产线上的员工及时解决存在的问题。在生产过程中，各个工位的员工可以通过安灯系统的呼叫旋钮或拉绳等，向班组长发信号报告生产线上出现的问题（如产品质量问题、设备故障问题等）。通过安灯显示屏显示及奏响音乐呼叫，及时地将各条生产线的各类问题反馈给各班组长，提请班组长尽快去现场解决问题。如图 1-8 所示是安灯应用的实例。

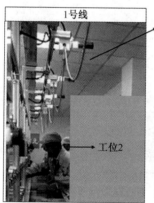

图 1-8　安灯应用的实例

2. 人机分离

当设备在自动运行时，人能够离开，去操作另外一台设备或做其他工作，就是人机分离。人机分离是让人的工作与机器的工作分开，人不再成为机器的"看守奴"。自动化是 JIT 的重要支撑之一，而人机分离是自动化的核心内容，是自动化的前提，没有实现人机分离，就无法实现自动化。

丰田汽车的人机分离，经历了 6 个阶段，具体见表 1-2。

表 1-2　丰田汽车实现人机分离的 6 个阶段

序号	阶段名称	人的工作内容	机器的工作内容	人机分离的水平
第一阶段	手工加工	人用手工完成产品的加工	没有机器	手工加工
第二阶段	手动进给，机器自动加工	1. 人给机器上下料。 2. 启动机器。 3. 手动进给刀具	零件加工作业由机器执行	机器和人谁也离不开谁
第三阶段	自动进给，自动加工	1. 人给机器上下料。 2. 人启动机器。 3. 人负责检验并处理异常	机器会自动进给，自动加工	人更多地被解放出来，机器承担了大部分工作
第四阶段	半自动化	人的工作是负责检验并处理异常	1. 机器完全自动上下料。 2. 自动启动、自动进给并自动加工	设备自动加工完成，人只是做一些辅助工作
第五阶段	加工与检验异常的自动化	只是在机器检测到异常后进行处理	1. 机器完全自动上下料。 2. 机器自动启动、自动进给并自动完成加工。 3. 机器自动检测异常	人基本已经与机器分离
第六阶段	加工、检验异常与异常处理的自动化	人几乎不用直接参与整个生产过程	机器完全实现自动加工、自动检测异常和异常自动处理	人与机器几乎完全分离

1.3.3　均衡生产

均衡生产是指生产时保持产品数量与产品种类的均衡。

均衡生产的主要目的是使企业快速响应客户"多品种，少批量"的需求。均衡生产要求尽量缩短设备或生产线换型（产）的时间。均衡生产使企业以生产系统的柔性化应对市场的快速变化，增强企业在市场的竞争能力。

1.3.4 标准化作业

标准化作业是指把现场的人员、机器、物料和时间等有效地配合起来，进行合理的组合，提高劳动生产率，是管理生产现场的依据，也是生产现场改善的依据。标准化作业是实现一个流生产的必要条件。

标准化作业有如下几个方面的目的。

（1）使人的工作效率提高。使现场作业员从事生产的时候，能够避免许多不必要的操作，使人的工作效率提高。所以，必须制定标准作业顺序，作业员要按标准作业顺序作业。

（2）实现生产各工序的同步化作业。生产线各个作业员的作业周期时间（Cycle Time，CT）相互越接近，各工序的同步化作业程度就越高。理想的状态是每个作业员的 CT 相等。

（3）将生产现场的在制品库存量控制在最低水平。所以，必须确定标准在制品存量（标准手持）。

（4）使生产线的产出最大。生产线各个作业员的 CT 越接近生产线的节拍（Takt Time，TT），生产线的产出就越大。理想的状态是 CT=TT，如图 1-9 所示。

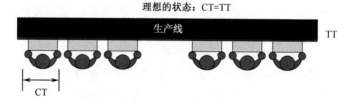

图 1-9 理想的状态是 CT=TT

标准化作业是一个形成标准、学习标准、执行标准、改善标准的 PDCA 闭环的过程。标准化作业的持续改善过程，如图 1-10 所示。

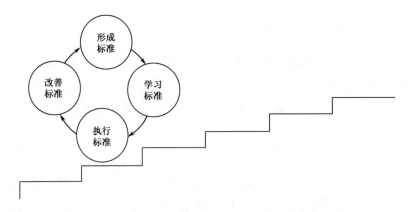

图 1-10　标准化作业的持续改善过程

1.3.5　改善

丰田汽车的改善可以分为 3 个层级，如图 1-11 所示。

图 1-11　丰田汽车改善的 3 个层级

（1）创意功夫。丰田汽车全员参与的持续改善活动的形式是创意功夫。创意功夫是员工围绕本职工作开展的小改善，是个人层级的改善。

（2）品管圈小组活动。品管圈（Quality Control Circle，QCC）小组活动是指在生产或其他岗位上从事各种工作的员工，围绕企业的经营方针目标的实现和现场存在的各种问题，以改进质量、降低消耗、提高人的素质及提高经济效益等为目的，以小组的形式组织起来，运用质量管理的理论、方法和工具，小组成员全体合作开展的改善活动。品管圈小组活动是小组层级的改善。

（3）大型的课题改善。大型的课题改善是公司层级的改善，如在对企业的年度经营方针目标进行分解时确定的改善课题。

1.3.6　稳定性

图 1-1 所示的丰田生产方式之屋（丰田生产方式体系框架）中的稳定性，主要包括 5S 管理与 TPM 两方面的内容，请参见第 2 章 TPM 简介部分相关内容。

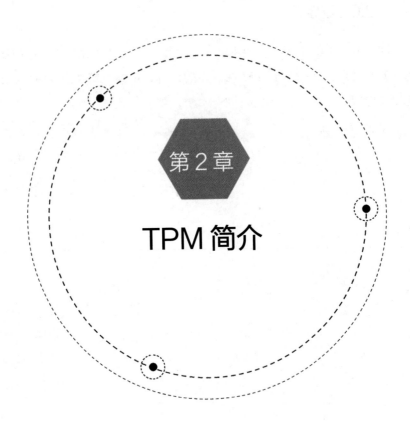

第 2 章

TPM 简介

2.1 TPM 的发展过程

20 世纪五六十年代，美国的制造业首先推行预防性维护（Preventive Maintenance，PM），PM 是以设备专家为中心，通过设备设计制作及维护方式的改善来实现设备效率最大化。PM 强调在设备设计制作方面进行改善，使设备不容易出故障；同时强调对设备进行检查，有问题就维修，没有问题就不维修。

生产汽车零部件的日本电装，在 1961 年引进了美国的 PM，经过一年的推行，取得了丰硕的成果。日本电装为了配合推行自动化，从 1969 年开始推行"全员参加的 PM"（简称 TPM），所以我们说，TPM 最初诞生于日本电装。

2.1.1 全员生产维护

日本设备工程师协会（Japan Institute of Plant Engineering，JIPE）在美国式 PM 的基础之上，以美国的 PM 为蓝本，加入日本的构想与理念，提出 TPM 的理念。JIPE 在 1971 年给出 TPM 的定义是"Total Productive Maintenance"，即"全员生产维护"。此时的 TPM 主要在生产部门推进实施，可以理解为"生产部门的 TPM"。全员生产维护之屋如图 2-1 所示。

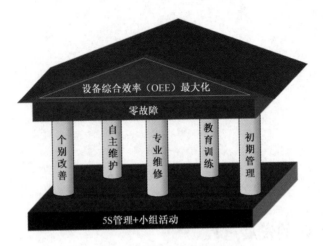

图 2-1　全员生产维护之屋

1. 地基

全员生产维护之屋最下面的部分是地基，由 5S 管理和小组活动两部分构成。5S 管理和小组活动是全员生产维护的两个基石。两个基石的定义、开展改善活动的目的见表 2-1。

表 2-1　两个基石的定义、开展改善活动的目的

序号	基石的名称	定义	开展改善活动的目的
1	5S 管理	是指整理、整顿、清扫、清洁、素养。因为这 5 个词的日文 "Seiri" "Seiton" "Seiso" "Seiketsu" "Shitsuke" 均以 "S" 开头，故简称 5S	1. 获得客户及社会嘉宾的满意评价，提升客户及社会嘉宾对企业管理水平的信心。 2. 员工工作在舒适安全的环境中，员工素养提升，员工受益。 3. 现场管理井然有序，员工工作效率提高，犯错机会下降，安全事故减少，企业受益
2	小组活动	是 TPM 开展改善活动的方式，包括公司级的 TPM 推行小组、部门级的 TPM 推行小组、各科室（课）的 TPM 推行小组等	完成改善课题

2. 支柱

全员生产维护之屋的中间部分是五个支柱，是在推行全员生产维护时要开展的五个方面的工作，这五个方面的工作，在企业可以分步骤地开展，也可以同时进行。

五个支柱的定义及围绕五个支柱开展改善活动的目的见表 2-2。

表 2-2 五个支柱的定义、开展改善活动的目的

序号	支柱名称	定义	开展改善活动的目的
1	个别改善	围绕着企业的 P、Q、C、S、D、M，按照 PDCA 循环的过程开展的改善活动	企业的 P、Q、D、M 管理水平提升，C、S（安全事故、环境灾害）下降
2	自主维护	操作工对自己所操作的设备实施日常的清扫、点检、润滑、紧固、调整及小故障处理等工作，对自己所负责的区域实施 5S 管理的工作	1. 操作工与维修工工作融洽、和谐。 2. 使操作工的能力提升。 3. 减少人为失误的发生。 4. 生产现场井然有序
3	专业维修	为保证设备的可靠性，确保生产计划的如期完成，对设备开展的有组织、有计划并且成本最低的预防性维修活动	1. 在故障出现以前就将影响故障的因素予以消除。 2. 在设备出现小故障时及时予以消除，不让设备出现功能性故障。 3. 不让设备因为故障而影响生产计划的完成
4	教育训练	操作工及维修工围绕着设备开展的教育训练活动	1. 提升操作工操作设备的能力及对设备进行自主维护的能力。 2. 提升维修工在设备维修、管理方面的能力。 3. 提升设备管理人员的管理能力，尤其是管理设备的能力
5	初期管理	围绕设备初期管理及产品初期管理开展的改善活动	1. 缩短设备研发周期。 2. 缩短产品研发周期

P、Q、C、S、D、M 的含义如下。

➤ P：Productivity，生产效率。

➤ Q：Quality，品质。

> ➢ C：Cost，运营成本。

> ➢ S：Safety，安全（包含环境安全）。

> ➢ D：Delivery，交期。

> ➢ M：Moral，员工士气。

3. 屋檐

全员生产维护之屋的屋檐是零故障，这是企业推行全员生产维护所追求的目标。

4. 屋顶

全员生产维护之屋的屋顶是设备综合效率（Overall Equipment Efficiency，OEE）最大化，这是企业推行全员生产维护所追求的最终目标。

2.1.2 全面生产管理

随着 TPM 在企业推进的深入，人们发现，要想让生产经营系统的效益最大化，必须让行政支援部门一起参与，共同努力，才能达到目标。所以，日本设备维护协会（Japan Institute of Plant Maintenance，JIPM）于 1989 年，在全员生产维护的基础上，给 TPM 重新进行了定义"Total Productive Management"，即"全面生产管理"。全面生产管理强调要在全公司范围内推行 TPM，实施经营改革。所以，可以理解为"全公司的 TPM"。全面生产管理之屋如图 2-2 所示。

1. 地基

全面生产管理之屋最下面的部分是地基，由 5S 管理和小组活动两部分构成。

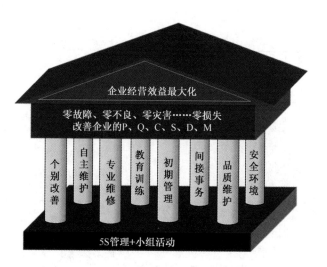

图 2-2　全面生产管理之屋

2. 支柱

全面生产管理之屋的中间部分是八个支柱,较全员生产维护多了间接事务、品质维护、安全环境三个支柱。这八个支柱是在推行全面生产管理时要开展的八个方面的工作,这八个方面的工作,在企业可以分步骤地开展,也可以同时进行。

个别改善、自主维护、专业维修、教育训练、初期管理这五个支柱的解释见"表 2-2 五个支柱的定义、开展改善活动的目的"。间接事务、品质维护、安全环境三个支柱的解释,见表 2-3。

表 2-3　三个支柱的定义、开展改善活动的目的

序号	支柱名称	定义	开展改善活动的目的
1	间接事务	企业的间接事务部门(产品研发部、采购部、财务部、销售部、人力资源部、行政部等)在推行 TPM 时开展的改善活动	1. 通过优化、完善间接事务部门的管理,让生产经营系统效率最大化。 2. 支持销售部门,更好地满足客户的需求

续表

序号	支柱名称	定义	开展改善活动的目的
2	品质维护	在人、机、料、法、环中，把影响产品品质的因素识别出来，进行监测、点检，确保各因素在标准值以内。如果有某些因素超出标准值，出现异常，可能会影响产品品质，要事先采取措施进行预防控制	1. 在产品的开发设计、生产制造及销售服务等各个环节，对影响品质的因素进行识别与管控，以预防品质问题的发生。 2. 把品质管理从传统的以事后检验为主的管理方式，转变为以事前预防为主的管理方式
3	安全环境	把影响安全与环境的因素识别出来，进行监测、点检，确保各因素在标准值以内，如果有某些因素超出标准值，出现异常，可能会影响安全与环境，要事先采取措施进行预防控制	把职业健康安全管理与环境管理，从传统的以事后处理事故和灾害为主的管理方式，转变为以事前预防事故和灾害为主的管理方式

3. 屋檐

全面生产管理之屋的屋檐是零故障、零不良、零灾害……零损失，改善企业的 P、Q、C、S、D、M，这是企业推行全面生产管理所追求的目标。

4. 屋顶

全面生产管理之屋的屋顶是企业经营效益最大化，这是企业推行全面生产管理所追求的最终目标。

通过上面的分析可见，全面生产管理是在全员生产维护的基础上，将全员生产维护的内容与范围进一步扩大了。

2.2　TPM 的传播

TPM 在日本国内的传播途径，如图 2-3 所示。

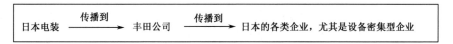

图 2-3 TPM 在日本国内的传播途径

TPM 由日本向全世界各个国家和地区传播，如图 2-4 所示。

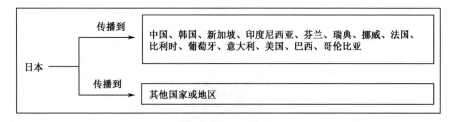

图 2-4 TPM 由日本向全世界各个国家和地区传播

第 3 章

LP 和 TPM 的
融合应用

3.1　LP 和 TPM 都是提升企业管理水平的管理模式

通过前文的内容，我们知道，LP 和 TPM 都是提升企业管理水平的管理模式。LP 强调消除企业中存在的八大浪费（见图 3-1），对企业的 P、Q、C、S、D、M 进行改善。TPM 强调消除企业设备存在的各种损失（以车床存在的损失为例，见图 3-2），对企业的 P、Q、C、S、D、M 进行改善。他们所强调的点虽然不同，但是对企业管理进行改善，输出的结果却是一样的，具体如图 3-3 所示。

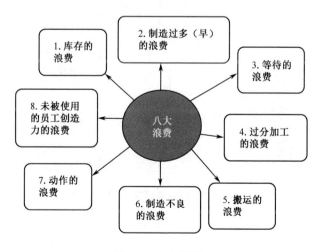

图 3-1　八大浪费

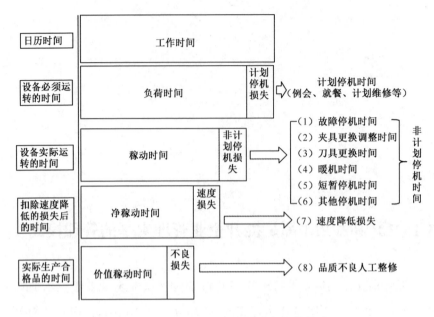

图 3-2　××机械加工厂对车床损失的归类

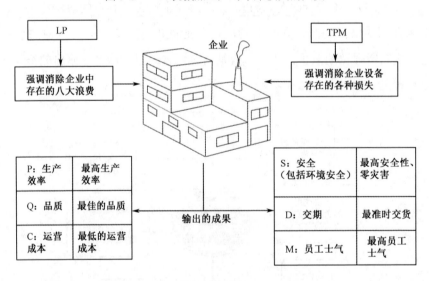

图 3-3　LP 和 TPM 对企业改善输出的成果是相同的

3.2　LP 和 TPM 改善的方法论与工具的不足

TPM 改善的方法论与工具存在着不足。从企业经营的角度来看，企业经营效益最大化的改善，覆盖面要包括产品的各个环节，如市场营销、产品规划、设计开发、采购、制造、品质、仓储、物流、安全、环保、行政人事及售后服务等。但是 TPM 所阐述的改善方法论与工具，在进行企业经营效益最大化的改善方面，存在着一定的不足，如 TPM 没有价值流分析的工具。

为了使企业局部效益的改善对整体效益的提升产生良性的影响，运用价值流分析（Value Stream Mapping，VSM）是较为理想的方法。首先，因为 VSM 是从整个价值链（供应商—企业本身—客户）的角度来分析企业的现状，从而找出其改善点的。其次，VSM 站在整个价值链的角度，来规划企业的未来状况。但是，TPM 没有涉及价值流分析的理论与工具。

LP 的方法论与工具也存在着不足。LP 作为企业运营改善的管理模式，在理论、方法、工具方面，也存在着不足。如在将 LP 应用到流程型企业指导开展改善活动时，会发现 LP 的很多工具并不适合。

3.3　LP 和 TPM 融合应用的优势

LP 和 TPM 作为企业管理改善的主要抓手，其理论、方法及工具，各有所长、各有所短。在对企业管理改善的实践中，都是将 LP 和 TPM 融合应用，使企业获得最大的改善收益。将 LP 和 TPM 二者融合应用，将提升企业的运营管理水平，如图 3-4 所示。

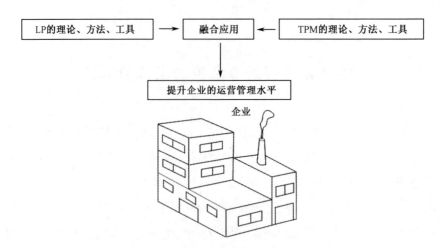

图 3-4　LP 和 TPM 融合应用提升企业的运营管理水平

3.4　以帮助企业实现其方针作为推行 LP 和 TPM 的切入点

LP 和 TPM 是提升企业管理水平的主要管理模式，是企业管理改善的有力抓手。伴随着中国企业尤其是制造业企业的巨大发展机遇，LP 和 TPM 在企业一定会获得更为广泛的应用，会有越来越多的企业导入 LP 和 TPM。那么，企业推行 LP 和 TPM，应该以哪里作为切入点最好、最容易达到企业期望的效果呢？

3.4.1　总经理对推行 TPM 的效果不满意的案例

这里分享一个没有选择好推行 TPM 切入点的案例。东莞××电子有限公司是一家从事电路板组装的工厂。该公司有两个主要的生产车间，一个是贴片（Surface Mount Technology，SMT）车间，一个是组装车间。由于没有选择好推行 TPM 的切入点，企业的局部改善并没有使企业整体利润增加，企业的总经理对该公司推行 TPM 的效果感到不满意。

该公司导入 TPM 以后，在公司精益办的推动下，各个车间的积极性很高，开展了很多改善活动。改善活动开展了一年之后，在年度的 TPM 总结汇报会上，贴片车间经理给公司的管理层汇报，他们的车间开展了 10 多个改善项目，产能提升了 30%。组装车间的经理也汇报，他们车间也做了很多的改善，并且每个改善都有详细的报告。

这家公司的总经理，在表彰会上对两个车间是肯定的、鼓励的，给那些参与改善的团队颁发了奖品与奖状。表彰会后大家晚上聚餐，在聚餐的过程中，总经理对精益办主任及两个车间经理说："你们知道吗，我很疑惑，感到不满意，因为改善效果不明显。你们两个车间辛辛苦苦做了一年的改善，但在我们公司的财务报表上面，没有任何的变化，原来人均产值是多少，现在仍然是多少，原来每块电路板的生产成本是多少，现在仍然是多少，财务报表上面看不出任何变化。"总经理接着说："实际上在大家的改善中，只要有 50 万元的节约，在公司的财务报表上就会反映出来。"所以，总经理要求精益办主任及两个车间经理，仔细思考一下到底是怎么回事，他建议以帮助企业实现方针作为切入口，来规划 TPM 的推进。

实际上，在这家公司，贴片车间的产能提升了，由于后工序组装车间的产能没有跟上，其结果是贴片车间计划停机的时间增加了，员工休息的天数由每个月的 4 天增加到 7 天，企业整体的产能并没有提升，也就是说，企业的局部改善并没有使企业整体利润增加。

3.4.2　以帮助企业实现其方针作为切入点

在企业的管理当中开展各种改善活动，目的虽各不相同，但是，各种改善活动的最终目的都是要帮助企业实现其方针。结合东莞××电子有限公司总经理的疑惑、不满意、感到改善效果不明显的情况，我们应该思考，企业推行 TPM 开展改善活动到底应该从哪里入手。

实践证明，企业推行 LP 和 TPM 应该以企业董事长或总经理的视野看待问题，站在企业宏观的角度思考问题，以帮助企业优化、完善方针管理作为切入点，以帮助企业实现其方针作为切入点，最容易达到企业期望的效果。

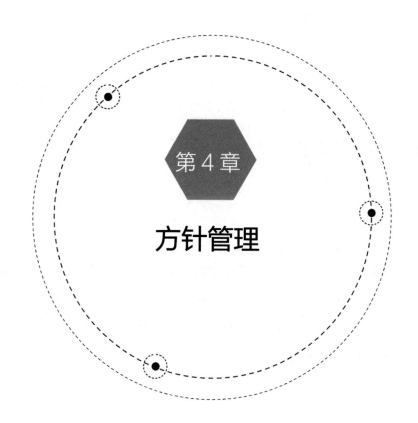

第4章

方针管理

4.1 什么是方针管理

4.1.1 什么是方针

方针是指企业在一定时期内的经营指导思想，是指引企业全体员工的行动纲领。方针一般应该由企业的最高领导者提出。方针一般分为企业中长期方针及企业年度方针。企业中长期方针一般会在企业的三年或五年的经营规划中提出，企业年度方针会在企业的年度经营规划中提出。

对方针的要求如下：

（1）要具有鼓动性。要能够表现出企业的雄心壮志及强烈的进取之心，要能激发起员工的激情。

（2）要简明扼要。要提纲挈领、简明扼要、朗朗上口且容易记忆。

（3）要实事求是。不好高骛远，要实事求是、切实可行。

方针的三个要素：基本方向、目标和举措，如图 4-1 所示。

图 4-1 中的箭头表示逻辑顺序的指向。方针三要素之间的逻辑关系：在基本方向的指导下，确定目标，根据基本方向和目标，制定出具体的举措并予以实施，确保既定目标的实现。

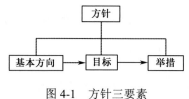

图 4-1　方针三要素

1. 基本方向

这里所说的"基本方向"也可以理解为"策略方向"，一般是指企业中长期的基本方向及年度的基本方向。如日本××公司 202×年的基本方向是：服务客户，高效协同，价值创造。

2. 目标

目标是指企业在一定时期内要取得的成果，或者是要达到的目的。目标一般有中长期经营目标、年度经营目标、季度经营目标、月度经营目标等。

制定目标要遵循 SMART 原则。SMART 原则的含义如下。

➤ S（Specific）指目标必须是具体的，不应该是笼统的或模棱两可的。

➤ M（Measurable）指目标要数量化，能够提供数据和信息来验证目标的达成状况。

➤ A（Attainable）指目标不能设立得过高或过低，通过付出努力，目标是可以达到的。通俗地讲，就是目标要"跳一跳，够得着"。

➤ R（Relevant）指目标与其他目标是具有关联性的，与实际工作也是相关联的。

➤ T（Time bound）指完成目标要有具体的截止期限。

目标举例。日本××公司 202×年度的经营目标如下。

（1）财务指标（定性指标）。

>   集团年度加工费：50 亿元人民币。

>   人均加工费上升：20 %。

>   精益改善成果：　3 亿元人民币。

>   ……

（2）管理指标（定量指标）。

全面实施精益管理，落实"匠人文化"。

3. 举措

举措是指达到目标所采取的具体措施。日本××公司 202×年度的举措如下。

（1）以客户为中心，全员营业，用品质和服务感动客户；

（2）整合各子公司资源，高效协同；

（3）为企业及相关方最大化地创造价值。

4.1.2　什么是管理

管理是指依据一定的目标，通过计划、组织、指挥、监督、激励等的手段，对人力、物力、财力及信息等资源进行有效利用，以期达到预期目标的过程。

4.1.3　方针管理的概念

方针管理是指企业为了实现其中长期和年度方针，为统一所有人员的思想认识及行动方向，为充分调动员工的积极性，按照企业的组织架构，将方针展开成必要的课题，并遵循计划（P）、实施（D）、检查（C）及改善（A）闭环管理的一种管理方法。

方针管理的模型见"4.3 方针管理模型"的内容。

4.1.4 方针管理的目的

方针管理的目的包括 4 个方面，如图 4-2 所示。

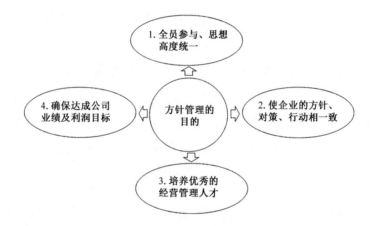

图 4-2 方针管理的目的

全员参与、思想高度统一是指全员参与方针管理，全体员工目标一致、思想高度统一，如图 4-3 中 A 公司的人员，他们的思想一致，能达到目标。而 B 公司的人员思想不一致，难以达到目标。

思想高度统一使企业"上下同欲"，使员工和企业产生"同频共振"。

上下同欲者胜。《孙子·谋攻》中有一句话"上下同欲者胜"，意思是"上下有共同的愿望，齐心协力，才能取得胜利"。

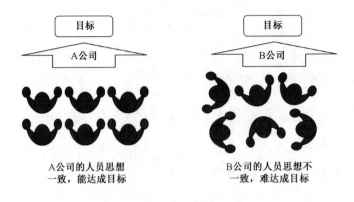

图 4-3　全员参与、思想高度统一

有个士兵过桥由于共振导致桥坍塌的故事。18 世纪中叶，拿破仑军队的一队士兵在指挥官的口令下，迈着整齐划一的步伐，通过法国昂热市的一座大桥。快走到桥中间时，桥梁突然发生强烈的颤动并且最终断裂坍塌，许多官兵和市民落入水中丧生。后经调查，造成这次惨剧的罪魁祸首是共振！因为大队士兵齐步走时，产生的振动频率，正好与大桥的固有频率一致，二者产生共振，桥就断裂了。可见，产生同频共振的力量是非常大的。

在企业的经营管理中，有没有一种管理方法，能够使企业做到"上下同欲"？能够使员工和企业能够产生"同频共振"？有，这个管理方法就是"方针管理"。

4.1.5　方针管理的作用

方针管理的作用包括 6 个方面，如图 4-4 所示。

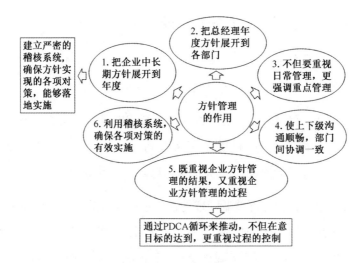

图 4-4　方针管理的作用

4.1.6　方针管理的发展历史

彼特·德鲁克在 1954 年出版的《管理的实践》一书中，提出目标管理的思想，并提出目标管理与自我控制的主张，从而创建了"目标管理"的理论。

20 世纪 50 年代末，日本从美国引进了目标管理。在日本的企业中，对目标管理有多种称呼，有的称为"目标管理"，有的称为"方针管理"。

一般在日本的企业中，每年年初都会由企业的最高领导者社长发布"方针"，作为新一年企业经营管理的指导思想与目标，组织全员进行讨论学习，并号召全体员工为之努力奋斗。

中国早在 1978 年就随着学习日本的全面质量管理，引进了目标管理。目标管理是全面质量管理体系的重要组成部分。全面质量管理与目标管理相互依存，在企业落地实施。中国企业与日本企业一样，对目标管理有多种称呼，有的称为"目标管理"，有的称为"方针管理"。在本书中，采用"方针管理"。

4.1.7　中国企业推行方针管理的情况

在中国，国有企业人员比较稳定，职工与企业命运联系紧密，推行方针管理非常容易收到成效，方针管理工作做得比较好。

外资企业及民营企业，由于人员流动性相对较高，职工与企业难以有真正长期一致的共同目标和利益，这就使得推行方针管理的效果受到一定的限制。在方针管理方面，外资企业普遍好于民营企业。

我们在指导企业推进精益管理的过程中，曾经对一些民营企业，开展过有关方针管理的诊断调研活动。在接受诊断调研的企业中，在一些民营企业，方针"装在"企业负责人或极少数高管的脑子里，企业不愿意甚至害怕让员工知道方针管理的具体情况，因为企业不愿意分享自己的红利给员工。企业的负责人认为，员工知道方针管理的具体情况越多，企业分享给员工的红利就会越多。这些企业认为，企业付了薪水给员工，员工自己做好自己的本职工作就可以了，不要了解太多。这些企业中，接受诊断调研的中层干部有不少人存在着打工者的心态，就方针管理进行深入沟通时，一些中层干部往往会脱口而出："我是一个打工的，我们部门应该这样开展工作……"。

中国企业在方针目标管理方面，水平良莠不齐，推行方针管理，大有可为。

4.2　方针管理与日常管理

4.2.1　企业日常管理

企业日常管理是指企业为了完成日常业务目标所开展的全部管理活动。或者说，企业日常管理是指在企业的经营活动中，各部门围绕其职责及承担的业务目标所开展的、以维持现状为目的的管理活动。企业日常管理过程是 PDCA 闭环管理的过程。

4.2.2　企业日常管理与方针管理的关系

企业日常管理与方针管理的关系，简单地说，就是企业日常管理与企业方针管理相结合，这两项管理工作同时开展，才能实现企业方针，如图 4-5 所示。

图 4-5　企业日常管理与方针管理的关系

企业通过开展日常管理，可以维持住上一年度的业绩。以上一年度的业绩为基准，在此基础之上，制定下一年度的企业方针。企业同时开展日常管理与方针管理，以实现下一年度的企业方针，在业绩上取得突破，如图 4-6 所示。

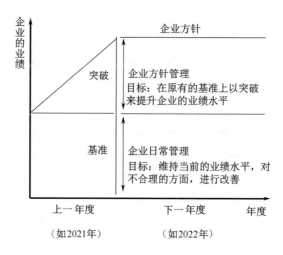

图 4-6　同时开展日常管理与方针管理，以实现企业方针

4.2.3 日常绩效指标与关键绩效指标

在企业经营管理中，有两类指标。第一类是日常绩效指标（Daily Performance Instruction，DPI），是指与企业开展日常管理所关联的指标。第二类是关键绩效指标（Key Performance Instruction，KPI），是指与企业开展方针管理所关联的指标。日常绩效指标与关键绩效指标举例见表 4-1。

表 4-1　日常绩效指标与关键绩效指标

管理类型	目标	工作内容	对应的绩效指标
日常管理	在 2022 年度，××公司市场部维持 2021 年 17 亿元人民币的订货额	市场部列出工作计划，维持 2021 年 17 亿元人民币的订货额。如在 2022 年度，市场部把客户满意度保持在 2021 年度 99.95%的水平	"客户满意度"在 2022 年度是 DPI
方针管理	在 2022 年度，××公司市场部要实现订货额增长 30%（5.1 亿元）的目标	1. 针对南网的客户，分析如何实现 15%订货额的增长。分析出应具备哪些条件（或开展哪些改善课题）才能实现订货额的增长。如产品单价降低 15%等。 2. 分析针对其他客户，如何实现 15%订货额的增长。分析出应具体开展哪些课题改善活动，如产品合格率由 96%提高到 97.5%等	"产品单价"及"产品合格率"在 2022 年度是 KPI

4.2.4 方针管理工作与日常管理工作的比较

方针管理工作与日常管理工作特点的对比，如表 4-2 所示。

表 4-2　方针管理工作与日常管理工作特点的对比

方针管理工作的特点	日常管理工作的特点
1. 是新的课题，是革新性、突破性的工作，是大课题、大改善，对公司的影响较大； 2. 没有现成的工作流程及工作标准可供参考；	1. 是日常运营管理中的工作，是已经标准化了的工作； 2. 有可供参考的工作标准及工作流程； 3. 主要是要维持住管理的现状； 4. 通常是再次执行 PDCA 循环；

续表

方针管理工作的特点	日常管理工作的特点
3. 一般是跨部门的改善，涉及的部门和人员较多； 4. 支持年度方针及长期方针的实现	5. 通常现状值与标准值的差距变化较小； 6. 现状值与标准值有偏距时要进行纠偏、复原，是为了维持现状而进行的小改善
结论：方针管理工作是突破现状的工作，是要重点开展的工作	结论：日常管理工作是维持现状的工作，是日常要开展的工作

4.2.5 改善课题在重要程度方面存在差距

一般的企业，每年都要开展课题改善活动。方针管理改善课题与日常管理改善课题，在重要程度方面存在差距。方针管理改善课题较日常管理改善课题来说，重要程度更高，如图 4-7 所示。

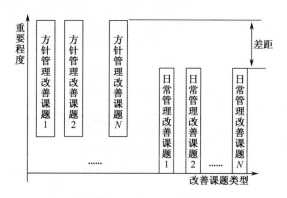

图 4-7　方针管理改善课题较日常管理改善课题重要程度更高

4.3　方针管理模型

4.3.1　方针管理模型

作者在长期指导企业推行 LP 和 TPM 的过程中，从指导企业开展方针管理的实践中，提炼出了方针管理的模型，如图 4-8 所示。经过作者及其企业管理咨询辅导团队在许多企业开展实践应用，证明如果按该模型实施，效果将非常显著。

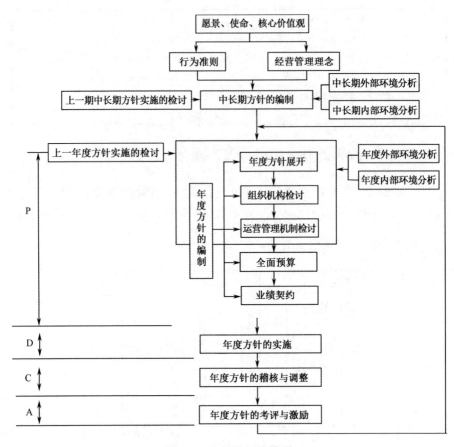

图 4-8　方针管理的模型

"方针管理"的日文是"Hoshin Kanri"，取日文两个词的首字母"HK"作为"方针管理"的缩写，所以，方针管理模型，也称为"HK 模型"。

在 4.4 节~4.10 节将详细介绍图 4-8 给出的方针管理模型。

图 4-9 是方针管理模型简图。

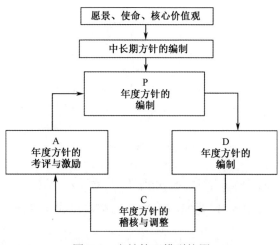

图 4-9　方针管理模型简图

4.3.2　年度方针管理的 PDCA 循环

从图 4-9 可以看出，年度方针管理是一个 PDCA 闭环管理的过程。在图 4-9 中，与"年度方针的编制"有关的各项内容，可以用图 4-10 更进一步直观地展示这些内容之间的 PDCA 循环过程。

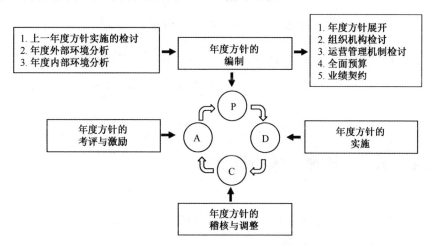

图 4-10　年度方针管理的 PDCA 循环

PDCA 循环是一个封闭的圆环，如图 4-11 所示。

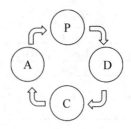

图 4-11　PDCA 闭环

P：英文单词"Plan"，译为"策划"。明确某项工作或某项管理活动的目标及如何开展，明确开展的计划，建立该项工作或管理活动的管理机制。

D：英文单词"Do"，译为"执行"。按计划执行已经建立管理机制。

C：英文单词"Check"，译为"检查"。对管理机制是否被执行进行检查，评估执行的程度。

A：英文单词"Action"，译为"改善"。对检查的结果进行处理，对取得的成果予以肯定和推广，对检查发现的问题进行改善，跟踪改善的结果，并将改善的结果标准化。

所以，P=策划，D=执行，C=检查，A=改善。

在图 4-9 中，年度方针的编制属于 P，年度方针的实施属于 D，年度方针的稽核与调整属于 C，年度方针的考评与激励属于 A。

4.4　愿景、使命、核心价值观

愿景、使命及核心价值观是企业文化的三个核心要素，是企业文化的核心和灵魂，如图 4-12 所示。

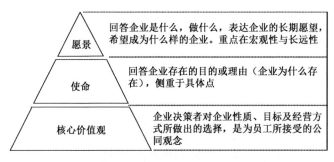

图 4-12　企业文化的三个核心要素

××公司是日本一家生产婴幼儿奶粉添加剂的著名企业，他们的产品主要是添加在婴幼儿奶粉中，婴幼儿喝了奶粉后，会促进其脑部发育。该企业制定了自身的愿景、使命、核心价值观如下。

愿景：建成全国最大的生物发酵生产基地。

使命：让每一位婴儿的大脑健康发育。

核心价值观：造福社会，共同富裕。

精神层、制度层和物质层是企业文化的三层级，如图 4-13 所示。

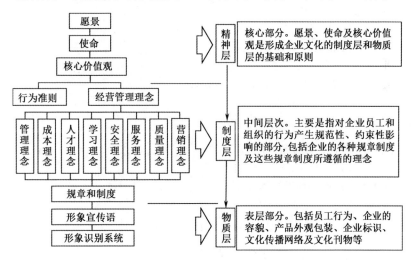

图 4-13　企业文化的三层级

4.5　行为准则和经营管理理念

行为准则可以分为两大基本类型：一是"应该"型行为准则，二是"不能"型行为准则。日本××公司制定的行为准则如下。

日本××公司的行为准则

（1）以遵章守纪为光荣。

（2）服从命令，听从指挥。

（3）忠于职业操守，保守公司机密。

（4）注重品德修养，杜绝不良嗜好。

（5）公司崇尚团队精神，不主张个人英雄主义。

经营管理理念是企业经营管理的基本思想。日本××公司制定的经营管理理念如下。

××公司的经营管理理念

（1）合作观：坦诚合作，互惠双赢。

（2）人才观：先做人后做事。

（3）品牌观：要赢得好声誉，需要 20 年，而要毁掉它，5 分钟足够。

（4）学习观：不在学习中胜出，就在竞争中淘汰。

（5）管理观：制度规范化，管理人性化。

（6）竞争观：比同行更快一步。

（7）危机观：居安思危，危则思变。

（8）团队观：一个人可以走得更快，但一群人可以走得更远。

（9）服务观：把微小的事情做到尽善尽美。

（10）质量观：没有质量就没有尊严。

（11）职业观：把一件平凡的事情长期做好就是伟大。

（12）技术观：只有眼光和技术与世界接轨，才能生产出满足世界需求的产品。

4.6　中长期方针的编制

企业中长期方针一般是指企业在未来 3～5 年的方针。企业一般是按照政府五年规划的部署来编制企业的中长期方针的。

4.6.1　上一期中长期方针实施的检讨

在编制企业中长期方针时，首先要对企业上一期中长期方针的实施情况进行检讨。××有限公司的"十三五"规划完成情况报告如下。

××有限公司"十三五"规划完成情况报告

1."十三五"规划目标的完成情况

在"十三五"期间……，各项经营指标保持了平稳快速的增长，如表 4-3 所示。

表 4-3　各项经营指标

指标名称 年份	新签合同额	营业收入	回款总额	利润总额
2015				
2016				
2017				
2018				
2019				

2. "十三五"期间取得的成绩

在"十三五"期间，××有限公司用电业务保持行业优势地位，在……的发展上取得了新的突破。

（1）关键技术研究。

在计量及采集终端技术开发方面……在系统主站技术开发方面……

（2）关键产品。

在计量及采集终端方面的主要产品是……在系统主站方面的主要产品是……

（3）市场拓展。

市场布局多领域，多领域同步快速发展。一是在……方面增加销售比重及市场占有率。二是近年来……营销队伍建设取得实效……

（4）国际业务。

坚持"一化三建设"工作思路……，合资建厂 2 个。共完成了×款产品的认证。

4.6.2 中长期外部环境分析及中长期内部环境分析

企业环境可分为内部环境和外部环境，外部环境包括微环境及宏观环境，如图 4-14 所示。

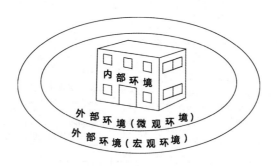

图 4-14 企业环境的分类

内部环境和外部环境所包括的内容，如表 4-4 所示。

表 4-4 内部环境和外部环境所包括的内容

序号	企业环境分类		包括
1	内部环境		企业的价值观、文化、方针、目标、核心竞争能力、产品、服务、企业结构、职责权限、财务能力、资源、内部关系及风险偏好等
2	外部环境	微观环境	企业的供应商、承包商、零售商、利益相关方、合作伙伴、客户及竞争对手等
3		宏观环境	国际、国家及地区的各种法律法规、政治、政策、经济、技术及社团等

中长期外部环境分析及中长期内部环境分析，是指分析在未来 3～5 年，企业所面临的外部环境及内部环境。

外部环境及内部环境分析的方法有很多，比较典型的是 SWOT 分析法。SWOT 分析法是一种制定决策普遍使用的分析手法，如图 4-15 所示。

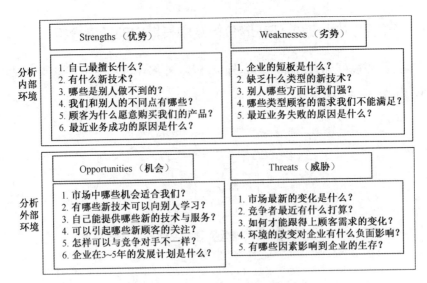

图 4-15　SWOT 分析法的基本介绍

例如，河北××有限公司位于河北省××市，始建于 1997 年，是中国生产植物蛋白饮品的著名企业，是集研发、生产、销售于一体的核桃饮品企业，是核桃乳行业标准和国家标准的起草者之一。河北××有限公司拥有河北××、安徽××、江西××、河南××、四川××五大生产加工基地，产销规模稳居行业前茅。

河北××有限公司在 2005 年决定生产核桃加牛奶的饮品之前，进行了 SWOT 分析，如图 4-16 所示。

4.6.3　中长期方针的编制

（1）中长期方针编制的时间。

中长期方针的编制一般在上一期中长期方针实施的最后一年进行。例如，××公司的"十四五"规划，是在其"十三五"规划的最后一年进行编制的。一般是从最后一年的 6 月初开始，到 12 月底结束。

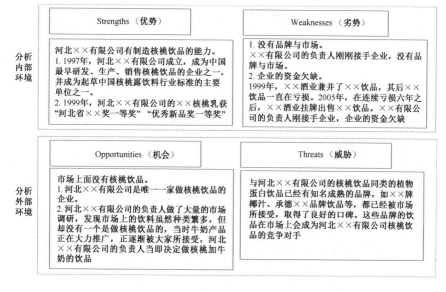

图 4-16 生产核桃加牛奶饮品之前的 SWOT 分析

（2）中长期方针的编制过程。

中长期方针的编制过程与年度方针的编制过程类似，详情请参考"4.7.3 节年度方针的编制"。

4.6.4 中长期方针举例

下面的内容是上海××有限公司的"十四五"发展规划梗概，供大家编制企业中长期方针时参考。

上海××有限公司"十四五"发展规划

一、前言

2020 年以来，新冠疫情肆虐全球，中美贸易摩擦不断，国家经济增速减缓……为公司的发展增加了很多不确定性。

本规划的制定将立足于集团"十四五"产业发展需求……奋力建设具有中国特色国际领先的能源互联网企业。

本规划全面总结了公司"十三五"的成绩和不足……为公司的长期永续发展奠定坚实的基础。

二、企业基本情况及"十三五"规划目标的完成情况（略）

三、发展环境分析

（一）宏观环境分析

1. 国际环境分析

2. 国内环境分析

（二）公司系统环境分析

1. 行业现状分析

2. 发展机遇分析

（三）核心业务行业发展趋势与市场分析

（四）竞争力分析

四、规划总体思路与目标

（一）指导思想

（二）战略定位

（三）总体思路

（四）发展目标

（五）具体目标

经营目标：2025年实现新签销售合同额××亿元，营业收入××亿元，利润××亿元，稳居行业前三。在"十四五"期间各项经营指标的预测，见表4-5。

表 4-5　"十四五"期间各项经营指标的预测（单位：亿元）

指标名称	2021 年	2022 年	2023 年	2024 年	2025 年
新签销售合同额					
其中：国网					
南网					
国际					
网外					
营业收入					
其中：国网					
南网					
国际					
网外					
利润					

五、"十四五"规划重点

（一）重大任务

1. 市场发展规划

2. 科技发展规划

3. 国际业务发展规划

4. 智能制造战略规划

5. 质量战略规划

6. 服务领先战略规划

（二）业务发展规划

1. 市场营销

2. 科技创新

3. 国际化

4. 品牌建设

5. 组织保障

6. 智能制造业务规划

（三）业务支撑体系规划

六、"十四五"规划投资及效益分析

（一）投资方向与规模

（二）投入产出分析

（三）经营指标预测

七、保障措施及建议

（一）保障措施

4.7 年度方针的编制

4.7.1 年度外部环境分析及年度内部环境分析

年度外部环境分析及年度内部环境分析是指企业在制定年度方针时，要对企业在下一年度面临的外部环境及内部环境进行分析。有关外部环境及内部环境的定义及分析方法，详见"4.6.2 中长期外部环境分析及中长期内部环境分析"。

4.7.2 上一年度方针实施的检讨

在编制企业年度方针时，首先要对企业上一年度方针实施情况进行检讨。××集团有限公司对其上一年度方针的检讨报告如下。

××集团有限公司2018年度工作回顾与检讨

一、2018年度市场情况回顾

1. 随着多年的房产泡沫积聚，2018年度是房企去库存化最为关键的一年……

2. 年度内民建市场下滑……以一线城市为中心的大型房产，在下半年价格大幅上涨。

3. 市政产品发展呈现增长……我公司市政板块建设相对滞后。

二、2018年度经营战略思路和方向定位回顾

1. 经营定位。2018年度是××集团第三个五年战略的第一年，定位为"转型升级、××××、××××"年度。

2. 经营方针。贯彻执行集团"创新驱动、××××、××××"的五年发展战略，确定2018年度的经营方针为"改革创新、××××、××××"。2018年定位为改革年。以稳定民建、发展市政为经营策略。

三、2018年度工作执行情况

1. 转型升级。稳定××产品，在经济下行、行业大洗牌的恶劣环境下，实现了销量同比增长×%的目标。

2. 推广营销。重点开展大型战略合作推广，与地方水务局合作×家；与地方城市园区合作×个。

3. 区域与渠道建设。今年××、××等重点市场发展有较大提升……

4. 资源储备。年度营销资源储备较去年同比增长×%，储量约×亿吨，为2019年度的发展奠定了基础。

5. 品牌与质量管理。通过承办全国××协会年会……使××品牌知名度稳定提升。

6. 技改与创新管理。推动自动打包系统改造工作……为公司智能制造奠定了基础。

7. 产品开发管理。以××产品为重点，大力投入开发……提高了产品适用性及企业知名度。

8. 资质荣誉。××产品获得了国家科技进步奖……完成发明专利×项。

9. 资源整合。落实改革年的要求，加大了资源整合管理……有效降低了公司的运营成本。

四、2018 年度关键经营指标的达成（1—11 月）

1. 经营指标（财务中心）

经营指标（财务中心），见表 4-6。

表 4-6　经营指标（财务中心）

指标项目	销量	产量	利润	营业成本	销售费用	管理费用	财务费用	应收账款	库存资金
预算额									
达成额									
实际达成率									
同比增长率									

2. 管理指标（人力资源中心+财务中心）

管理指标（人力资源中心+财务中心），见表 4-7。

表 4-7　管理指标（人力资源中心+财务中心）

指标项目	人均效益	人均收入	安全损失费用	预决算管控率	坏账损失率	资产安全率
预算额						
达成额						
实际达成率						
同比增长率						

3. 管理指标（技术中心+市场中心+质量中心）

管理指标（技术中心+市场中心+质量中心），见表4-8。

表4-8　管理指标（技术中心+市场中心+质量中心）

指标项目	新产品销量	品牌塑造	质量提升目标	质量损失	第三方抽检	客户投诉
预算额						
达成额						
实际达成率						
同比增长率						

4. 战略推广指标（销售中心）

战略推广指标（销售中心），见表4-9。

表4-9　战略推广指标（销售中心）

单位：家

指标项目	全国房产50强	省份房产5强	燃气大户	通信大户	电力大户	水利、农业、城投
实际达成						
同比增减						

五、2018年度工作存在的主要不足

1. 中高层团队没有全面统一思想……管理团队人才缺乏。

2. 资源整合效果不佳……特别是大客户及网络整体同比销量下滑较大。

3. 管理工作规范性较差……生产计划调度管理在信息化、自动化方面缺失。

4. 财务管理不够规范……应收款坏账增多。

5. 技术力量不足……新产品竞争力不强，新产品转化率不高。

4.7.3 年度方针的编制

1）年度方针编制的时间

年度方针的编制一般从每年的 10 月月初开始，到 12 月月底结束。

2）年度方针的编制过程

图 4-17 是××公司编制 2022 年度方针的过程，也是一般企业编制年度方针的过程。

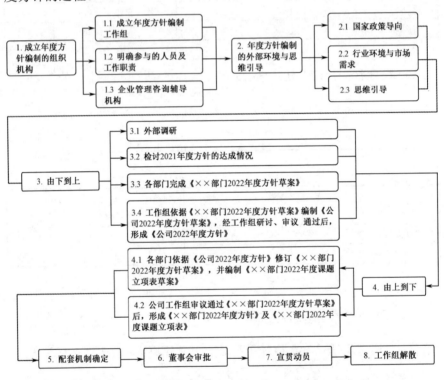

图 4-17 ××公司编制 2022 年度方针的过程

3）年度方针的编制过程范例

下面是××公司 2022 年度方针编制的详细过程。

××公司2022年度方针编制过程

一、成立年度方针编制的组织机构

1. 成立年度方针编制工作组

成立××公司2022年度方针编制工作组（以下简称"工作组"），全面负责2022年度方针编制工作的领导、组织、实施、评估、审议及报董事会批准等方面的工作……

2. 明确参与的人员及工作职责

设立组长1名，由×董事长担任，领导2022年度方针编制工作组的整体工作。

设立执行组长1名，由何××担任，在组长的领导下，主持2022年度方针编制工作组的日常工作。

设立副组长3名，由刘××、李××和任××担任，共同组成2022年度方针编制工作组的领导与决策层，协助执行组长、组长工作。

设立秘书1名，由朱××担任，负责会议的组织、记录、档案管理、费用报销等方面的工作。

委员：由各部门经理担任委员，负责本部门2022年度方针的编制工作，参与××公司2022年度方针的研讨、审核等工作。

3. 企业管理咨询辅导机构

AA企业管理咨询公司顾问组。

二、2022年度方针编制的外部环境与思维引导

1. 国家政策导向

1.1 2022年度是国家"十四五"五年发展战略的第二年……全面推

进多层次资本市场发展。

1.2　全球经济、中国经济仍然不景气……迈向中高端水平，调整经济结构，经济转型升级。

1.3　2025智能制造……制造企业面临"互联网+"及智能制造转型升级的机遇。

2. ××行业环境与市场需求

2.1　××市场面临……预计2022年度××市场开工量下滑×%。

2.2　××市场充满机遇……企业必须搭上政府投资政策的快车。

2.3　××行业全面洗牌已经开始……适应并引领才是永恒。

3. 思维引导

3.1　大力创新……加大考核力度。

3.2　科学立项是年度方针编制落地的载体……坚持眼前利益与长远利益相结合。

3.3　坚持发展驱动，营销驱动……稳定市政、发展基建、发展通信网络。

三、2022年度方针编制的步骤

1. 由下到上

"由下到上"是指各部门先编制《××部门2022年度方针草案》，工作组依据各部门的《××部门2022年度方针草案》，完成编制《××公司2022年度方针》。

1.1　外部调研

可直接共享AA企业管理咨询公司整理的《外部调研报告》，也可参照 2021 年度方针编制时使用的《外部调研模板》……特别是了解所在区域国家的投资政策。

1.2 检讨 2021 年度经营目标的达成情况

1.2.1 检讨 2021 年度方针（截至 10 月月底，预测 11、12 月的结果）的达成情况，检讨 2021 年度立项的执行情况。

1.2.2 对资源进行全面盘点……了解产能资源储备与保障能力等方面的信息。

1.2.3 要开展××公司层面的 SWOT 分析，了解××公司的核心竞争力……

1.2.4 各部门完成《××部门 2021 年度方针的实施与检讨报告》。

各部门编制提交《××部门 2021 年度方针的实施与检讨报告》，经工作组研讨、审议后通过。

1.3 各部门完成《××部门 2022 年度方针草案》

各部门提出经营的假定目标（以市场为导向、要具有挑战性）及发展方向，编制《××部门 2022 年度方针草案》，提交工作组研讨、审议通过。

1.4 工作组完成《××公司 2022 年度方针》

依据各部门的《××部门 2022 年度方针草案》，编制《××公司 2022 年度方针草案》，提交工作组研讨、审议通过后；形成《××公司 2022 年度方针》。

2. 由上到下

"由上到下"是指各部门依据《××公司 2022 年度方针》，修订《××部门 2022 年度方针草案》，经工作组审核通过后，形成最终版本的《××部门 2022 年度方针》。

2.1 各部门修订《××部门 2022 年度方针草案》

各部门依据《××公司 2022 年度方针》，修订《××部门 2022 年度方针草案》，并编制《××部门 2022 年度课题立项表草案》。

2.2 工作组审议通过《××部门 2022 年度方针草案》

各部门提交《××部门 2022 年度方针草案》及《2022 年度课题立项表草案》，工作组研讨、审议通过后，形成《××部门 2022 年度方针》及《××部门 2022 年度课题立项表》。

3. 配套机制确定

与《××部门 2022 年度方针》《××公司 2022 年度方针》配套的营销政策、费用预算、《目标责任书》等措施确定。

4. 董事会审批

每个环节以会议审议、民主集中的方式进行表决通过。把《××部门 2022 年度方针》《××公司 2022 年度方针》报董事会审批通过后，随后予以执行。

5. 宣贯动员

就《××部门 2022 年度方针》《××公司 2022 年度方针》进行宣贯与动员。

6. 工作组解散

工作组解散。《××部门 2022 年度方针》及《××公司 2022 年度方针》的实施、稽核与调整、考核与激励等工作，交由××公司战略管理办公室负责管理。

4）年度方针的编制计划举例

AA 公司 2022 年度方针的编制计划，如表 4-10 所示。

表 4-10 AA 公司 2022 年度方针的编制计划

序号	工作项目及要点		结果输出	责任人	督办人	时间节点
1	成立公司级的 2022 年度方针编制工作组		成立编制工作组,明确各人职责;发布"关于启动《AA 公司 2022 年度方针》编制工作的通知"	何××	总经理	10 月 8 日
2	由下到上	各部门组建"2022 年度方针编制工作组"	报工作组批准备案	各部门负责人及总经理	何××	11 月 14 日前
3		各部门外部调研各部门 2021 年度方针达成情况,并进行内部检讨和评估	撰写、提交《××部门 2021 年度方针的实施与检讨报告》	各部门负责人	何××	11 月 17 日前
			工作组组织研讨、审议通过		郑××	11 月 23 日前
4		各部门完成编制《××部门 2022 年度方针草案》	编制、提交《××部门 2022 年度方针草案》	各部门负责人	何××	11 月 26 日前
			工作组组织研讨、审议通过		郑××	11 月 30 日前
5		完成《AA 公司 2022 年度方针》	编制、提交《AA 公司 2022 年度方针草案》	何××	×董事长	12 月 3 日前
			工作组组织研讨、审议通过,形成《AA 公司 2022 年度方针》		郑××	12 月 5 日前
6	由上到下	修订《××部门 2022 年度方针草案》形成《××部门 2022 年度方针》	完成修订《××部门 2022 年度方针草案》、报工作组审核通过后,形成《××部门 2022 年度方针》	各部门负责人	何××	12 月 10 日前
7	由上到下	修订《2022 年度课题立项表草案》,形成《2022 年度课题立项表》	编制、提交《2022 年度课题立项表草案》	各部门负责人	何××	12 月 10 日前
			工作组组织研讨、审议通过后,形成《2022 年度课题立项表》		郑××	12 月 15 日前
8	配套机制确定		营销政策、费用预算、目标责任书准备	各部门负责人	何××	12 月 23 日前

续表

序号	工作项目及要点	结果输出	责任人	督办人	时间节点
9	董事会审批	董事会通过批准	何××	郑××	12 月 30 日前
10	举行年度方针总结发布会	总结 2021 年度方针实施情况；表彰激励；发布 2022 年度方针及经营计划	何××	×董事长	2022 年 1 月 5 日
11	宣贯动员	层层宣贯、动员	各部门负责人	郑××	集中宣贯与长期宣贯相结合

AA 公司编制 2022 年度方针的时间节点，如表 4-11 所示。

表 4-11　AA 公司编制 2022 年度方针的时间节点

序号	时间	工作任务
1	2021 年 10 月 8 日	成立公司级的 2022 年度方针编制工作组，开展前期的准备工作
2	2021 年 11 月月初	开始编制
3	2021 年 12 月月底	编制工作结束
4	2022 年 1 月 5 日	举行年度方针总结发布会

4.7.4　年度方针的展开

企业提出年度方针并不难，最难的是如何将年度方针进行科学合理地展开（分解）。只有科学合理地展开，才能为实施年度方针打下良好的基础，避免陷入实施不下去的尴尬境地，使年度方针停留在表面和口号上。下面将较为详细地阐述年度方针的展开方法。

1）方针一般不展开，班组一般不设方针只设目标

在进行企业年度方针展开时，注意两点：第一，方针一般不展开。但是，允许各子公司（工厂）围绕集团公司的方针，制定自身的方针。允许各车间、科室围绕子公司（工厂）的方针，制定自身的方针；第二，班组一般不设方针只设目标。如图 4-18 所示是子公司（工厂）围绕集团公司

的方针，制定自身方针的例子。

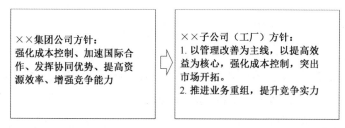

图 4-18　子公司（工厂）围绕集团公司的方针，制定自身方针

2）目标、举措需展开

目标、举措需展开，上层主管的举措要作为下层主管的目标，如图 4-19 所示。

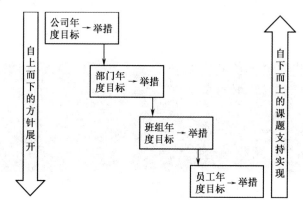

图 4-19　上层主管的举措，要作为下层主管的目标

3）方针展开的三要素

方针展开的三要素见表 4-12。

表 4-12　方针展开的三要素

要素一	课题名称	针对上级的方针、目标、举措，本单位（部门）要开展的课题或改善活动的名称
要素二	目标值	课题或改善活动在一定期限内要达到的成果，一般以数据量化表示
要素三	举措	为达到目标，必须有的举措

4）年度方针展开存在的黑箱

年度方针展开存在的黑箱是指在展开企业年度方针产生改善课题的过程中，那些企业运营管理中的因果逻辑关系。例如，日本××公司的合同额要由 2.91 亿元提高到 4.15 亿元，提升 30%，那么如何才能达到 4.15 亿元？要具备哪些条件？要做哪些课题改善？

年度方针展开存在的黑箱如图 4-20 所示。

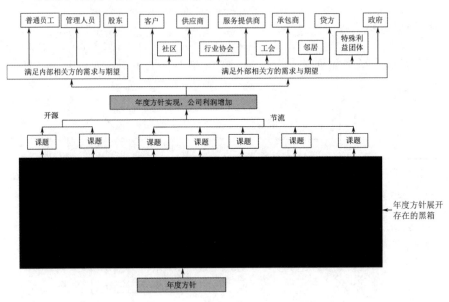

图 4-20　年度方针展开存在的黑箱

年度方针的展开，就是要运用 LP 和 TPM 的理论、方法与工具，完成如下几方面的工作。

（1）使年度方针展开存在的黑箱变得清晰和透明。

（2）梳理出实现年度方针应该具备的条件，通过开展课题改善，来满足或创造这些条件。

（3）厘清上下级指标、目标之间的因果逻辑关系，使下级指标、目标对上级指标、目标形成支撑。

年度方针展开黑箱里的内容（或是要解决的问题），如图 4-21 所示。

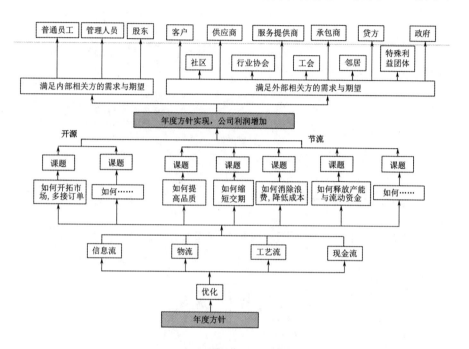

图 4-21　年度方针展开黑箱里的内容

5）对进行年度方针展开的人的要求

方针展开是企业自上而下垂直地、自左到右水平地梳理企业运营管理因果逻辑的过程（见图 4-22），进行方针展开的人要有较好的管理能力与改善能力（见图 4-23 管理人员的能力素质模型及表 4-13 管理人员的能力素质模型的说明），要通晓企业运营管理的因果逻辑，通晓 LP 和 TPM 的理论、方法与工具，具有较高的企业运营管理的因果逻辑视野，才能很好地展开，不具备这些能力的人是展开不了的，或者即使展开了，也实施不下。所以，企业选择主导方针展开的人非常重要，许多企业在进行年度方针展开时，一般会邀请企业管理咨询机构的人来指导展开工作。

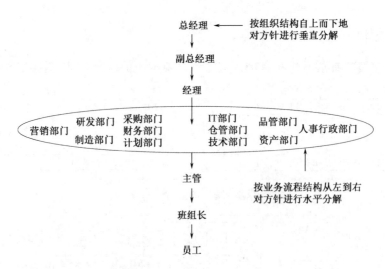

图 4-22 企业方针自上而下垂直地展开、自左到右水平地展开

在图 4-22 中，自上而下垂直地展开是指从总经理到一线员工进行分解，自左到右水平地展开是指在企业的各个部门之间进行分解。

图 4-23 管理人员的能力素质模型

管理人员能力素质模型的说明，见表 4-13。

表 4-13 管理人员能力素质模型的说明

文化认同	业务能力	管理能力	改善能力
认可企业的愿景、使命、价值观，遵守企业的行为准则及规章制度等	管理人员精通岗位业务的能力。如从事财务工作的管理人员擅长或精通财务专业工作等	管理人员的领导力、有效沟通、问题解决、团队建设、员工激励、授权、时间管理、工作的策划与执行等管理方面的能力	对企业管理理论、方法与工具（如丰田生产方式、精益生产管理、TPM、6 西格玛等）掌握与应用的能力

6）年度方针展开与年度改善课题的关系

年度方针展开与年度改善课题的关系，如图4-24所示。

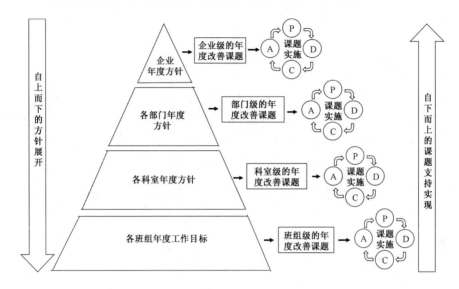

图 4-24　年度方针展开与年度改善课题的关系

7）年度方针展开范例

下面是一个企业的年度方针展开的例子。2021 年年底日本××公司的总经理提出要求，企业的合同额在 2022 年要由 2021 年的 2.91 亿元提高到 4.15 亿元，提高 30%。图 4-25 是企业在管理咨询机构老师的指导下，组织人员展开后得出的逻辑图。

4.7.5　组织机构检讨

年度方针编制完成之后，就要检讨企业目前的组织机构是否与年度方针的实施相适应，如不适应则应该对组织机构进行更改或修正。同时，也要检讨组织机构内人员的职责与分工是否与年度方针的实施相适应，如不适应则应该对相关人员的岗位与职责进行调整。

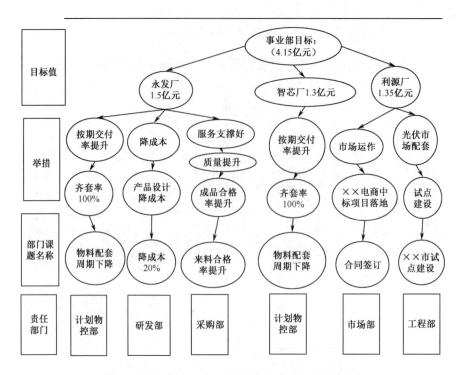

图 4-25　日本××公司 2022 年订货额展开逻辑图

下面分享两个案例，一个是通过开展改善活动，优化 PMC 的组织结构来提升产品准时交付率；另一个是通过优化人员的职责与分工，确保事业部年度方针的实现。

案例一：通过开展改善活动，优化 PMC 的组织结构来提升产品准时交付率

广州××卫浴有限公司于 2010 年成立，拥有 600 多名员工，是一家集专业研发、制造、销售为一体的大型卫浴企业，主要产品有浴室柜、淋浴房、感应器、马桶、浴缸、水龙头、卫浴洁具等。

该公司拥有两大品牌。A 品牌卫浴是专注欧美风格的卫浴品牌，是高端卫浴产品，深受欧美国家年轻消费者的追捧和喜爱，主要用于欧美国家各类高级酒店、高档住宅及公寓等。B 牌卫浴产品主要在中国国内销售，

是大众化的产品。广州××卫浴有限公司的部分产品如图 4-26 所示。

图 4-26 广州××卫浴有限公司的部分产品

开展改善项目前，广州××卫浴有限公司主要面临着不能向客户准时交付产品的问题。该公司发展非常快，订单大量积压，向客户交付产品不及时，曾经出现过客户预订的卫浴产品不能按时交付从而影响客户的婚期，客户打闹经销商门店的情况。开展改善项目前，非标浴室柜产品的准时交付率只有 65%左右，常规浴室柜产品的准时交付率为 80%左右，远低于同行业水平。

改善活动的目的是提高非标及常规浴室柜产品的准时交付率。

改善活动的目标指标如表 4-14 所示。

表 4-14　改善活动的目标指标

序号	指标名称	2021 年	2022 年目标
1	非标浴室柜产品的准时交付率	65%	90%（提高 38%）
2	常规浴室柜产品的准时交付率	80%	98%（提高 23%）

广州××卫浴有限公司计划用 1 年的时间，通过推行 LP，达到项目的目标指标，LP 活动的开展计划，如表 4-15 所示。

表 4-15　LP 活动的开展计划

（图例："△"代表计划。"≡"代表已经完成。"—"代表正在实施）

序号	工作内容	2022 年											
		1 月	2 月	3 月	4 月	5 月	6 月	7 月	8 月	9 月	10 月	11 月	12 月
1	LP 导入培训	△											
2	成立 LP 活动推行小组	△											
3	非标浴室柜产品的准时交付率提升	△	△	△	△	△	△	△	△	△	△	△	
4	常规浴室柜产品的准时交付率提升	△	△	△	△	△	△	△	△	△	△	△	
5	项目总结发表												△

广州××卫浴有限公司为提升产品准时交付率，主要开展了如下三个方面的改善活动。

开展 LP 的导入培训，让企业的高、中、基层管理人员理解 LP 的概念、历史与发展，了解 LP 的理论、方法与工具，明确项目的目的、目标与指标，使大家在思想上统一认识。

成立 LP 活动推行小组。广州××卫浴有限公司的精益办公室为达到改善活动的目标，成立了 LP 活动推行的组织架构，如图 4-27 所示。

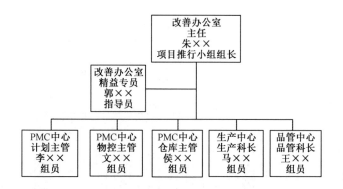

图 4-27 LP 活动推行的组织架构

组织架构图中的各岗位职责，如表 4-16 所示。

表 4-16 组织架构图中的各岗位职责

序号	岗位名称	职责
1	改善办公室（主任，朱×××，项目推行小组组长）	总体统筹项目推行小组的工作，制定项目推行的目标指标，协调公司的资源，确保项目推行成功
2	改善办公室（精益专员，郭×××，指导员）	负责 LP 管理的培训，为项目改善出谋划策，编制项目推行的计划，定期检讨计划的执行情况。负责宣传及氛围营造等方面的工作
3	PMC 中心（计划主管，李×××，组员）	参加订单评审会议，负责生产月度、周、日计划的编制，拟定物料需求计划，负责计划完成情况的统计分析工作，负责计划执行当中异常情况的处理
4	PMC 中心（物控主管，文×××，组员）	负责生产物料的准时、齐套供应，处理物料供应的异常情况
5	PMC 中心（仓库主管，侯×××，组员）	负责仓库的物料储存及出入库管理，确保仓库账物相符，完成生产备料的各项准备工作，常规物料采购订单的下达等
6	生产中心（生产科长，马×××，组员）	负责组织生产现场的人、物料，按时完成生产计划，协调技术中心、品质中心、PMC 中心支持生产计划的完成，负责处理生产计划完成中出现的各种异常情况
7	品管中心（品管科长，王×××，组员）	负责来料及生产制造过程中的品质管理工作

调整 PMC 的组织结构。广东××卫浴有限公司的组织架构图，如图 4-28 所示。由图 4-28 可以看出，该公司采用典型的职能式组织架构的设置方式，按职能划分并设置部门（中心），共设置了采购中心、营销

中心等 13 个中心。

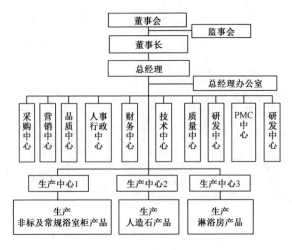

图 4-28　广东××卫浴有限公司的组织架构

下面以该公司的 PMC 中心为例说明职能式组织架构的设置。PMC 中心的组织架构如图 4-29 所示。公司把所有与计划、物控、仓管有关的人员全都集中在 PMC 中心进行管理。

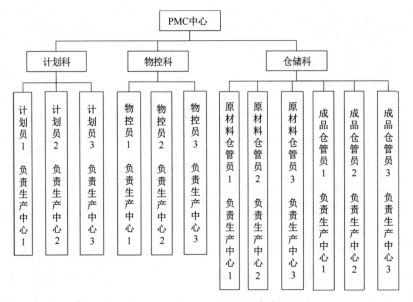

图 4-29　PMC 中心的组织架构

采用职能式组织架构的不足之处。把围绕生产中心 1 的各职能部门的人员，用图 4-30 所示的方式表示出来。由图 4-30 可以看出，业务员 1、计划员 1、物控员 1、采购员 1、原材料仓管员 1、成品仓管员 1 这 6 个人分别属于不同的部门，但他们都是为生产中心 1 服务的。图 4-30 中的各条带箭头的连线，表示各岗位之间的日常工作联系。

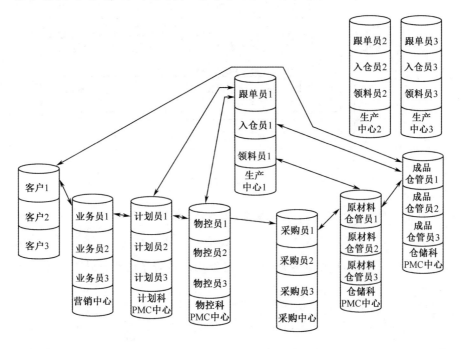

图 4-30　围绕生产中心 1 的各职能部门的人员

由于这 6 个人属于不同部门，导致在工作中产生了很多的问题，这些问题也是采用职能式组织架构的企业普遍存在的问题，总结起来如图 4-31 所示。

改善团队对非标及常规浴室柜产品准时交付率低的原因进行了仔细分析。

（1）PMC 的计划员 1 负责为生产中心 1 安排非标及常规浴室柜产品

的生产计划，计划员 1 的计划编排经常不准。PMC 计划员 1 的业务能力欠缺，并且对生产中心 1 支持的责任心欠缺。

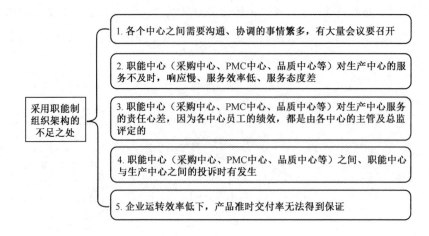

图 4-31　采用职能式组织架构的不足之处

（2）MC 的物控员 1 负责为生产中心 1 的非标及常规浴室柜产品跟进物料，不熟悉产品所需物料的标准，不熟悉物料的种类、名称等，导致物料跟进不到位，经常导致物料不齐套，已经排好了的生产计划需要经常性调整。

（3）最主要的原因是 PMC 中心、采购中心、品质中心、营销中心等职能部门的人各自为战，对生产中心 1 的支持力度不够，当生产中出现异常问题需要处理时，各职能部门的响应不及时，服务态度差，相互推诿的情况时有发生。

为提升非标及常规浴室柜产品准时交付率，该公司采取了以下两方面的改善措施。

1）调整 PMC 的组织结构

为提高生产中心 1 的运行效率，提升非标及常规浴室柜产品的准时交付率，改善团队采取了改善措施。将业务员 1、计划员 1、物控员 1、

采购员 1、原材料仓管员 1、成品仓管员 1 这六个人全部划归生产中心 1
（见图 4-32），把这些人员的编制放在生产中心 1，由生产中心 1 的总监或
主管负责管理，负责他们的日常工作安排与绩效评估，并为他们解决工作
中存在的困难，大家坐在同一间办公室办公。由于生产中心 1 的总监或主
管是这些人的顶头上司，使得工作安排及信息沟通非常顺畅，生产中心 1
变成了一个高效率工作的团队，一切为准时交付产品服务。

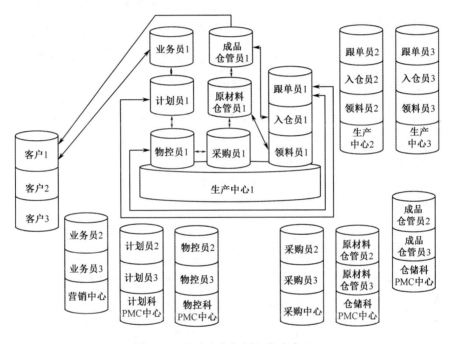

图 4-32　六个人全部划归生产中心 1

2）培训 PMC 的计划员与物控员

对 PMC 的计划员 1 及物控员 1 进行生产计划排产及物料管控的业务
培训，经考核合格后重新上岗。

广东××卫浴有限公司的改善团队通过采取一系列改善措施，非标及
常规浴室柜产品的准时交付率得到了提高，改善活动的成果如表 4-17
所示。

表 4-17　改善活动的成果

序号	指标名称	2021 年	2022 年目标	实际结果	结果
1	非标浴室柜产品的准时交付率	65%	90%（提高 38%）	93%	超过既定目标 3%
2	常规浴室柜产品的准时交付率	80%	98%（提高 23%）	98%	完成既定目标

在制造业企业，几乎所有公司的组织机构都是按职能划分并设置部门（中心）的，广东××卫浴有限公司就是其中一个典型的例子。按职能划分部门（中心）的优点有以下几个方面。

（1）它遵循了职业专业化的原则（即让专业的人做专业的事），因而简化了职业的培训与训练方面的工作。

（2）因为专业的人做专业的事，在人力资源的使用上能够显示出更高的效率。

（3）在职能部门里面，工作的资源容易共享。

（4）相同职能的人工作在同一个部门，容易管理，相互交流学习方便。

按职能划分部门（中心）的缺点如下。

（1）职能人员往往会养成一心一意忠于职守的态度和行为方式，各职能部门往往会强调自己部门的重要性，职能部门之间的"墙"是普遍存在的，职能人员观点的狭隘会破坏公司的整体性、协调性。

（2）职能部门之间的工作协调比较困难，企业运行效率低下。按职能划分部门，只有总经理才能对公司的全面事务负责，在大公司里，这样的责任放在一个人肩上，担子太重了。

案例二：通过优化人员的职责与分工，确保事业部年度方针实现

年度方针及分解形成的经营计划的执行，最后都是由每个人去做好每一件事来完成的。通过干部任免，将最合适的干部放到正确的位置上，是

保证年度方针及分解形成的经营计划得到有效落实的关键。

下面是××公司通过优化人员的职责与分工，确保了事业部年度方针实现的案例。××公司有两个事业部：A事业部及B事业部，一个事业部的总经理由外聘的职业经理人担任，另一个事业部由该公司的一个股东担任。通过表4-18对比一下两个事业部总经理的日常工作情况。

表4-18　两个事业部总经理日常工作情况的对比

序号	对比的项目	A事业部	B事业部
1	事业部总经理的来源	外聘的职业经理人	公司股东之一，创业元老之一
2	事业部总经理的工作态度与能力	早上8：00准时上班，晚上5：30后经常加班。工作态度端正，精通企业管理，工作敬业勤奋，工作能力强	早上9：00—10：30上班，下午4：00—5：30后基本不见人影。工作态度懒散，不擅长企业管理，擅长应酬及人际交往，有时酗酒，在企业管理方面工作能力弱
3	早会	各主管及班组长准时开早会	不召开早会
4	周例会	各主管准时召开周例会，并做正式报告	周例会有时召开，有时不召开，周例会上，各主管无须做正式报告，口头汇报即可
5	员工来源	全国招聘	来自B事业部总经理所在省份的多，很多是B事业部总经理的老乡，甚至亲戚
6	计划达成率	计划达成率：高，超过目标值	计划达成率：一般，经常低于目标值
7	准交率	准交率：高，超过目标值	准交率：一般，经常低于目标值
8	盈利能力	盈利指标：高，超过目标值	盈利指标：一般，在目标值上下浮动、徘徊
9	团队执行力	团队执行力：强	团队执行力：一般
10	团队凝聚力	团队凝聚了：强	团队凝聚了：一般
11	文化程度	本科	初中
12	各项评比工作在集团公司的排名	靠前	中等偏下，据集团公司评比的负责人反馈：各项评比项目多数完不成，排名靠后

通过表 4-18 可以看出，A 事业部的总经理是合格的总经理，B 事业部的总经理是不合格的总经理。应该把 B 事业部的总经理调整到更适合他的工作岗位上去。

通过这一案例，可以看出，在企业年度方针编制完成后，也要检讨组织机构内人员的职责与分工是否与年度方针的实施相适应，如不适应则应该对相关人员的岗位进行调整。

4.7.6　运营管理机制检讨

企业的运营管理机制，是指企业运营管理所使用的各种规章制度、流程、表单，如各种管理指标、绩效考核制度等。

年度方针编制完成之后，要检讨企业目前的运营管理机制是否与年度方针的实施相适应，如不适应则应该对运营管理机制进行更改或修正。

下面举一个企业的制度与其年度方针的实施不相适应而导致改善反弹的例子。

1）年度方针中提出要"打造行业标杆的制造现场"

在××企业 2022 年的年度方针中，有一条是要在 2022 年"打造行业标杆的制造现场"，拟通过推行 5S 管理来彻底改善制造现场的管理，提升现场管理的水平，提高客户对企业的满意度，增强客户对企业的信心。基于 2022 年年度方针的指示，该企业在 2022 年上半年邀请专门的 5S 推行机构做辅导，大力推行 5S 管理，并且取得了不错的成效。图 4-33 是该企业在推行 5S 管理中取得改善成效的一个案例。

空压机房的可视化打造

机床油位高、低范围可视化标识

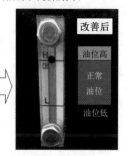

图 4-33　推行 5S 管理取得改善成效的案例

2）计件工资制导致制造现场恢复了原样

但是没过 2 个月，制造现场又渐渐恢复成原样，又变得脏、乱、差了。后来经过进行深入调查，走访了大量的一线员工，发现让制造现场管理恢复原状的根本原因是该企业实行的计件工资制。

在该企业，计件工资制是指按照工人生产出的合格产品的数量和预先设定的计件单位来计算劳动者工资，即工资是按工人完成的合格产品数量乘以规定的计价单价计算得出的。

在该企业，计件工资分为个人计件和集体计件两种。个人计件适用于个人能单独开展工作，并且能计算个人劳动定额的工种。集体计件适用于工艺过程要求员工集体完成产品制造，不能直接计算个人完成合格产品数量的工种。由于该企业是劳动密集型企业，各个工位不连贯，比较独立，基本上都是个人计件。

计件工资制的优点在于让劳动者能够各尽所能、按劳分配，充分调动劳动者的积极性，劳动者能自觉地改进工作方法，自觉地提高技能水平，自觉地提高劳动生产率。

计件工资制的缺点是工作质量或产品质量难以保证，员工一切向钱看，服从性较差，劳资间博弈不断，损害企业文化，导致管理成本增加。

3）该企业推进 5S 管理遇到的困惑

该企业属于机加工行业，是为高端客户加工机械零部件的，员工实行的是计件工资制，如图 4-34 所示是按件计酬的工人正在加工产品。

该企业推进 5S 管理遇到的困惑是，员工参与 5S 管理的积极性不高，因为在各个岗位做 5S 管理，员工都是要花时间的，但这个时间是没有生产产品的，对员工来说没有工时就没有报酬。在推行 5S 管理的过程中，由于一线员工对 5S 管理的重视程度普遍不高，在岗位上建立的 5S 作业标准，2022 年上半年，在企业有 5S 管理专员在现场持续不断督促检查的情况下，能够得到较好的落实。2022 年下半年，5S 管理专员减小了现场督促检查的力度，制造现场又慢慢恢复了脏、乱、差的模样。

图 4-34　按件计酬的工人正在加工产品

4）改为计件计时相结合的工资制

计时工资制是指按照劳动者的工作时间来计算工资的一种方式。在该企业，计时工资分为月工资制、日工资制和小时工资制。

针对计件工资制存在的不足，该企业解决的办法是，将工资制度，在确保员工每月收入不变的情况下，由计件制改为计件计时结合的方式。例如，原来某个岗位，按计件工资制，每人每月的平均收入为8000元。改为计件计时结合的方式，就是把其中10%的工资（800元）拿出来，作为计时工资，要求员工参与如下几个方面的工作。

（1）参与现场5S管理。按现场5S管理的标准，做好自己岗位范围内的5S管理工作；

（2）参与产品品质改善活动；

（3）参与安全学习与培训活动；

（4）参加早会；

（5）配合其他人进行工作改善；

（6）参与企业的各类文化活动。

员工参与上述各类工作，按小时计时，当积累到一定的工时后，每月经过主管的评估，800元的工资才能拿到。如果参与上述工作的工时达不到额定值，则只能拿到低于800元的计时工资。

改为计件计时相结合的工资制，从制度上引导员工参与包括5S管理在内的各项工作，再加上加强5S管理的宣传、发动与培训，开展现场5S管理的监督、检查、评比与激励活动，在岗位上建立的5S作业标准，得到了持续执行。2022年年底，5S管理终于在该企业取得了阶段性的成果，达到了2022年年度方针中提出要"打造行业标杆的制造现场"的目标，企业的制造现场井然有序、一目了然，来该企业参观考察的客户无不称赞有加。

计件计时相结合的工资制，也是该企业在 2022 年的基础上，后续进一步推行包括 5S 管理在内的其他改善活动的制度保障。

4.7.7　全面预算

企业方针及分解形成的经营计划编制完成后，还需要进行全面预算。

全面预算是指在预测和决策的基础上，围绕企业方针及分解形成的经营计划，对企业下一年度资金的取得、投放、各项收入及支出、企业经营成果及分配等资金的使用做出的具体安排。通过全面预算，为年度经营计划的各项活动配置好资源，没有资源配套的年度经营计划，就是空谈。

全面预算管理是指以企业的方针为导向，以科学的预测为基础，在分析企业历史资料、同行业资料、市场环境及宏观经济政策等的基础上，结合企业的实际经营情况及资源情况，对预算期间内企业的财务、经营、投资等经济活动所做的系统性的计划、执行、控制、考评、激励的过程。

一般来讲，企业各部门根据既定的方针及经营计划编制各自的预算。企业各部门编制的预算种类如表 4-19 所示。

表 4-19　企业各部门编制的预算种类

序号	部门名称	需编制的预算种类
1	业务部门	收入预算、费用预算
2	生产部门	成本预算
3	职能部门	费用预算
4	财务部门	汇总业务部门、生产部门及各职能部门的预算，编制公司年度的损益预算、现金流量预算、资产负债预算等

下面是日本××公司设备管理部编制设备管理与维修费用预算的编制过程。

1）对设备管理与维修费用进行分类

在日本××公司，设备管理与维修的费用分成日常维修费用、大年修费用及人员费用三类，如表 4-20 所示。

表 4-20　日本××公司设备管理与维修的费用分类

序号	分类	细项	举例
1	日常维修费用	材料费	主材、辅材及油脂等
		备件费	备件、备件加工费等
		外协人工费	委外维修的费用
		零星修缮工程费	物料消耗费及外协人工费
		备件修理费	备件修复费等
		其他费用	车辆费、设计费等
2	大年修费用	备品、备件费	大年修消耗的备品、备件费
		材料费	大年修消耗的材料费
		人工费	企业外施工单位的人工费用等
		运输费	大年修时所发生的运输费
		检测费	测试费、计量设备检定费等
		设计费	设计费及图纸资料费等
3	人员费用	工资	工资、福利等
		五险一金等	五险一金、加班费等

2）将设备分类，分别编制费用预算

在日本××公司，在进行设备管理与维修费用预算的编制时，先将设备进行分类，再分别编制各类设备的费用预算，具体做法如下。

➤ 将设备分为 A、B、C 类。A 类设备是关键设备，B 类设备是重要设备，C 类设备是辅助设备。

➤ 依据 A、B 类设备的运行状况，备品、备件的消耗情况及维修记录等，参考上一年度的费用，编制 A、B 类设备的设备管理与维修费用预算。

➤ 按 A、B 类设备费用预算的一定比例，来确定 C 类设备管理与维修费用预算。

3）A、B 类设备管理与维修费用预算编制的具体过程

日本××公司 A、B 类设备管理与维修费用预算编制的具体过程，如图 4-35 所示。

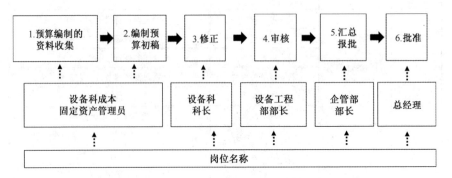

图 4-35　日本××公司设备管理与维修费用预算编制过程

4.7.8　业绩契约

在企业年度方针、经营计划、预算编制完成之后，为激励企业经营管理团队，必须与经营管理团队订立业绩契约，有些企业叫作签订"年度经营目标责任书"，即签订与下一年度的关键业绩指标（KPI）目标和绩效奖金挂钩的约定或协议。

业绩契约一般会约定，业绩指标目标达到预定值，会有多少绩效奖金；低于预定值，没有绩效奖金；高于预定值，会有多少超额绩效奖金等。

业绩契约签订一般会在企业的年度经营总结大会上进行，使之具有使命感、仪式感。日本××公司年度经营目标责任书签订的现场如图 4-36 所示。

在作者长期为企业提供管理咨询服务的过程中，了解到通过签订业绩

契约，激励企业经营管理团队，有以下两种情况。

（1）团队不愿意承担更大的责任，在确定责任指标和目标时，职业经理人与老板之间会有博弈。

（2）一旦外部市场形势很好，企业的经营结果变得很好，利润等快速增长，一些老板就会觉得，如果按当初签订的业绩契约兑现，让企业经营管理团队占便宜了。因此不愿意兑现业绩契约或不完全按照业绩契约兑现。

图 4-36　日本××公司年度经营目标责任书签订现场

日本××公司在企业的每个层级，都签订业绩契约。日本××公司的管理层级，如图 4-37 所示。日本××公司各层级的责任与业绩契约的签订情况，如表 4-21 所示。

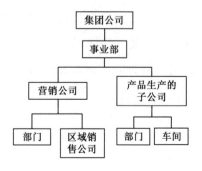

图 4-37　日本××公司的管理层级

表 4-21　日本××公司各层级的责任与业绩契约的签订情况

序号	职位	责任	业绩契约
1	集团公司总裁	对集团董事会负责，对集团整体经营结果负责	签订业绩契约
2	事业部总经理	对事业部经营结果负责	签订业绩契约
3	营销公司总经理	对销售总规模、销售端利润负责，对市场地位负责	签订业绩契约
4	营销公司部门总监、区域销售总监	对区域销售规模、市场能力负责	签订业绩契约
5	产品生产子公司总经理	对产品规模、利润和产品竞争力负责	签订业绩契约
6	产品生产子公司部门总监、工厂总监	对技术、交期、质量负责	签订业绩契约

4.8　年度方针的实施

年度方针的实施是指企业按照既定的年度方针及分解形成的经营计划，组织本企业的各级人员予以实施的过程。企业年度方针的实施是企业方针管理中最重要的环节之一，年度方针及经营计划再好，如果不认真组织实施，也是纸上谈兵。

4.8.1　年度方针实施的管理部门

一般企业有一个部门具体负责统筹协调年度方针的实施，例如，国有企业是企业管理部，日资企业是战略管理部，民营企业是董事长（或总经理）办公室。××公司对年度方针实施管理的部门，有如下要求。

1）年度方针实施的管理部门

由董事长领导下的董事长办公室负责年度方针的管控、检讨对策、评估考核。

董事长办公室负责年度方针实施的具体跟进、协调、监督,组织月度、季度、半年度、年度的总结会议。

2)年度方针管控的内容与举措

将年度方针科学、合理地展开到月度、责任部门、责任人。

召开月度、季度、半年度、年度总结会议,评估、考核完成情况,对未达成业绩的职能部门及子公司,检讨对策,调整策略,努力使其达成既定的目标。每月以职能部门及子公司为单位,开展年度方针实施与考核的排名,并给予激励。

采取恰当的策略,创新突破、整合资源促进各职能部门及子公司落实年度方针。

年度方针的执行过程中,如遇国家政策调整、不可抗拒力或企业经营条件发生重大变化,可调整年度方针,上报董事会批准后生效。

……

4.8.2 采用 QCC 的手法开展课题改善活动

年度方针分解之后,就是一些有待改善的课题。针对一些难度较大的课题,可以采用 QCC(Quality Control Circle,QCC)小组活动的手法,组织攻关小组来解决。

QCC 小组活动,包括 10 个工作步骤:选择课题、现状调查、设定目标、分析原因、确定主要原因、制定对策表、按对策表实施、效果检查、制定巩固措施、总结并制订下一步计划。实际上,这 10 个工作步骤是一个 PDCA 循环,如图 4-38 所示。

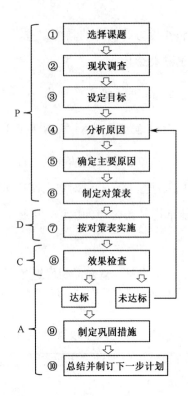

图 4-38　QCC 小组活动的 PDCA 循环

4.8.3　月度经营分析会

月度经营分析会是跟进企业年度方针实施最有力的工具。每个月开一次月度经营分析会，相当于一年做 12 次以月度为周期的年度方针实施总结会。

月度经营分析会举例如下。

1）××集团公司 2021 年 10 月份月度经营分析会会议议程

××集团公司 2021 年 10 月份月度经营分析会会议议程，如表 4-22 所示。

表4-22 ××集团公司2021年10月份月度经营分析会会议议程

单位（部门）、报告名称	报告（参与）人	时间（分钟）
背诵"六项精进"	全体	—
A事业部10月份月度经营分析总结报告	杨××	10
B事业部10月份月度经营分析总结报告	刘××	10
集团人事行政部10月份总结报告	曹××	10
集团财务部10月份总结报告	郭××	10
集团战略管理部10月份总结报告	王××	10
……	……	……
领导总结发言	王××	10
背诵公司经营理念	全体	—
合计		90

2）A事业部10月份月度经营分析总结报告

（1）A事业部10月份各项指标达成情况，如表4-23所示。

表4-23 A事业部10月份各项指标达成情况

序号	指标	内容	10月	11月	12月	当月达成情况（达成、持平、未达成）	备注
1	贡献率	目标	94.50%	94.50%	94.50%	持平	2020年的贡献率为90%
		实际	94.50%	—	—		
2	合格品率	目标	98%	98%	98%	达成	2020年的合格品率为95%
		实际	99%	—	—		
3	阿米巴盈亏率	目标	95.00%	95.00%	95.00%	达成	2020年的阿米巴盈亏率为90%
		实际	96%	—	—		
4	月末在库比	目标	0.5个月以下	0.5个月以下	0.5个月以下	未达成	—
		实际	0.7个月	—	—		
5	原材料价格	目标	4500元/吨	4500元/吨	4500元/吨	达成	2020年的原材料价格为5000元/吨
		实际	4400元/吨	—	—		

续表

序号	指标	内容	10 月	11 月	12 月	当月达成情况（达成、持平、未达成）	备注
6	材料损耗率	目标	1.50%	1.50%	1.50%	达成	2020 年的材料损耗率为 3%
		实际	1.20%	—	—		
7	离职率	目标	3%以下	3%以下	3%以下	达成	2020 年的离职率为 5%
		实际	2.5&	—	—		
8	重大安全事故	目标	0 件	0 件	0 件	持平	—
		实际	0 件				

（2）A 事业部 10 月份的损益。

A 事业部 10 月份的损益，如表 4-24 所示。

表 4-24　A 事业部 10 月份的损益

序号	名称	实际值（单位：万元人民币）
1	毛利	
2	经费	
3	损益	

（3）利益率预算。

利益率预算××％，实际××％。具体情况如下。

a. 总收入增加××万元，增幅××％。其中，加工费增加××万元，杂费收入增加××万元。

b. 经费减少××万元，达成××％的目标。其中，直接人工费减少××万元，达成××％的目标值。直接经费减少××万元，达成××％的目标值。主要原因是 10 月份收回前期代购夹具费及 SMS 现场在库品退仓费等，工治具费用减少××万元。

c. 间接经费增加××万元，达成××%的目标值。其中，分摊工厂经费增加××万元，职员工资增加××万元，杂费××万元。

d. ……

4.8.4　运用管理图表对实施进行动态监控

运用管理图表对实施进行动态监控，就是将年度方针及经营计划，把每月的实施情况在显眼的地方予以展示、公布。这样做不但使领导者能及时掌握实施的状况，也能使员工及时了解目前的状况，起到鞭策、鼓舞员工的作用，也方便员工对方针及经营计划的实施出谋划策。××公司的年度方针实施的动态监控，是通过每月更新一次的管理看板来实现的，如图 4-39 所示。

图 4-39　××公司的年度方针管理看板

4.9　方针的稽核与调整

4.9.1　稽核的内容及目的

年度方针的稽核是指检查年度方针的实施状况，具体来说就是要检查如下几个方面。

（1）目标的达成度。目标的达成度分为三种。一是目标低于预定值，二是目标达到预定值，三是目标高于预定值。

（2）举措的实施情况。

（3）方针管理中各个环节（PDCA 循环）的运作。

稽核的目的就是找到年度方针实施中所遇到的问题，采取改善行动。发现的问题点将作为下一年度方针策划的重要参考依据之一。

4.9.2　目标及举措的稽核标准

1）稽核标准

不同的企业对年度方针及举措的稽核有不同的评价标准。日本××公司规定的目标达成程度及举措实施进度的评价标准，分别如表 4-25 和表 4-26 所示。

表 4-25　日本××公司目标达成程度的评价标准

序号	评价的对象	目标达成程度的描述	结果
1	目标达成程度	目标达成程度高于目标值	卓越
2	目标达成程度	目标达成程度等于目标值	达标
3	目标达成程度	目标达成程度低于目标值	未达标

表 4-26　日本××公司举措实施进度的评价标准

序号	评价的对象	举措完成程度的描述	结果
1	举措实施进度	举措实施高于预定的要求	卓越
2	举措实施进度	举措完全实施	达标
3	举措实施进度	举措部分实施	未达标

2) 目标及举措的稽核计划及记录

不同的企业对目标及举措的稽核计划各不相同。日本××公司规定的稽核计划，如表 4-27 所示。

表 4-27　日本××公司年度方针的稽核计划

稽核的种类	稽核者	被稽核者	稽核的时间	稽核的方式
高层稽核	总经理、总经理办公室主任	各职能部门总监、各事业部总监	每年的 6 月及 12 月的第 4 个星期	书面报告、资料查阅、现场考察、双向沟通
中层稽核	各职能部门总监、各事业部总监	各课的课长	每年的 3 月、6 月、9 月、12 月的第 2 个星期	书面报告、资料查阅、现场考察、双向沟通
基层稽核	课长	各班组长	每年的 3 月、6 月、9 月、12 月的第 2 个星期	书面报告、资料查阅、现场考察、双向沟通

对表 4-23 中"稽核的方式"说明如下。

（1）书面报告。被稽核单位向稽核者进行书面报告。

（2）查阅资料。稽核者查阅与书面报告及课题改善相关的资料。

（3）现场考察。稽核者到课题改善的现场进行考察、了解。

（4）双向沟通。稽核者就课题改善与被稽核者进行沟通。

日本××公司规定的稽核记录表格，如表 4-28 所示。

表 4-28　日本××公司年度方针的稽核记录表

序号	稽核的课题名称	稽核的方式	目标达成程度	举措实施进度	稽核的结果	原因分析	处置建议
高层稽核□　中层稽核□　基层稽核□　受稽核的单位：稽核者：　　稽核日期：　年　月　日							
		书面报告、资料查阅、现场考察、双向沟通					

4.9.3　年度方针的调整

由于年度方针是在上一年年底就预先确定的，是超前做出的，所以，在实施过程中，难免会受到各种因素的影响，需要修订。例如，2020年上半年的新冠疫情导致一些企业上半年的方针没法实现或没法完全实现，这个时候就需要对年度方针进行调整。

1）目标的调整

依据稽核的结果对目标的调整方式，如表 4-29 所示。

表 4-29　依据稽核的结果对目标的调整方式

序号	稽核的结果		主要原因	目标调整的方式
	目标达成的情况	举措实施的情况		
1	目标刚好达成	举措按期实施	—	不调整目标
2	目标达成率远超过预设值	举措按期实施	目标设得过低	适当调高目标值
3	目标达成	举措未按进度实施	目标设得过低	适当调高目标值
4	目标未达到预设值	举措实施已达预期的进度	1. 目标设得过高	1. 适当降低目标值
			2. 举措对目标没有针对性	2. 修改举措的内容
5	目标未达到预设值	举措实施未达到预定的进度	举措实施的进度慢	加快举措实施的进度，不调整目标

2）举措的调整

依据稽核的结果对举措调整的方式，如表 4-30 所示。

表 4-30　依据稽核的结果对举措调整的方式

序号	稽核的结果		主要原因	举措调整的方式
	举措实施的结果	目标达成的结果		
1	举措实施已达预定的进度	1. 目标已经达到预定的水平	1. 目标设得合适	1. 不调整举措
		2. 目标未达到预定的水平	2. 目标定得太高了	2. 适当降低目标值

续表

序号	稽核的结果		主要原因	举措调整的方式
	举措实施的结果	目标达成的结果		
2	举措实施未达到预定的进度	1. 目标已经达到预定的水平	1. 目标设得过低	1. 适当调高目标值
		2. 目标未达到预定的水平	2. 举措实施的进度太慢	2. 加快举措实施的进度

3）年度方针修订申请表

企业一般采用填写《年度方针修订申请表》的方式进行调整。日本××公司采用的"《年度方针修订申请表》"，如表 4-31 所示。

表 4-31　日本××公司年度方针修订申请表

课题基本信息			原定目标				修改目标			
部门名称	编号	改善课题名称	目标值	重要度	完成日期	协助单位（部门）	目标值	重要度	完成日期	协助单位（部门）
修改的理由										
部门审批	填表人：　　　日期：　年 月 日　部门领导：　　　日期：　年 月 日									
战略管理部意见	战略管理部门领导：　　　日期：　年 月 日									
主管领导意见	主管领导：　　　日期：　年 月 日									

4.10　方针的考评与激励

4.10.1　方针的考评

方针的考评是指将年度方针及经营计划的实施结果与预先制定的预期依据事实与数据进行对比，得出相应的考评结论。

1）组成年度方针编制工作组

企业在每年 10 月月初，组成年度方针编制工作组，来对本年度的方针及经营计划的实施情况进行考评，同时，制订下一年度的年度方针及经营计划。组成年度方针编制工作组的过程，详见"4.7.3 年度方针的编制"。

2）考评的标准

考评的标准见"表 4-25 日本××公司目标达成程度的评价标准""表 4-26 日本××公司举措实施进度的评价标准"。

3）考评的方法

考评的方法如下。

（1）书面报告。被考评单位向年度方针编制工作组进行书面报告。

（2）查阅资料。年度方针编制工作组查阅与书面报告及改善课题相关的资料。

（3）现场考察。年度方针编制工作组到课题改善的现场进行考察、了解。

（4）双向沟通。年度方针编制工作组就课题改善与被考评的部门进行沟通。

4）考评工作的结果及处理措施

考评工作的结果及处理措施，如表 4-32 所示。

表 4-32　考评工作的结果及处理措施

序号	考评工作的结果	处理措施
1	确定年度方针的实施结果	按业绩契约进行激励
2	总结出年度方针实施的成功经验	标准化，形成规范或制度执行
3	总结出年度方针实施失败的教训	标准化，形成规范或制度执行，防止再发生
4	总结出年度方针实施中遗留的问题	转入下一年度方针管理的 PDCA 循环

4.10.2 方针的激励

不同的企业，对年度方针的实施结果有不同的激励方法。年初签订有业绩契约的，年末应该按业绩契约兑现。××公司年度方针达成的激励政策，部分摘录如下。

（1）年度团队激励奖金的提取规则。

××公司年度团队激励奖金的提取规则，如表 4-33 所示。

表 4-33　××公司年度团队激励奖金的提取规则

序号	年度实现利润指标	提取激励奖金
1	在利润指标目标值的 90%以下	不提取激励奖金
2	在利润指标目标值的 90%～100%	提取利润的 5%～8%作为激励奖金
3	100%完成利润指标的目标值	提取利润的 8%～12%作为激励奖金
4	完成利润指标的目标值超过 100%	提取利润的 8%～12%作为激励奖金，超出部分按利润的 20%提取

若未完成产品销量，则未完成销量比率与奖金发放比率按 1：2 扣除奖励（各部门按年度目标责任书执行）。

（2）月度和季度的激励。

月度和季度的激励包括目标完成激励、费用控制激励和指标突出激励（具体按各目标责任书和按部门批准后的经营计划执行）。

（3）岗位月度工资考核激励。

基本工资+产销提成±业绩考核（具体按薪酬绩效激励政策执行）。

（4）其他业绩和专项工作激励。

各部门其他业绩和专项工作激励政策按相关政策文件执行。

（5）……

4.10.3 举行年度方针实施成果发布会

企业一般会把上一年度的年度方针实施成果发布、激励表彰与下一年度方针及经营计划的发布，三项工作集中放在一起，在每年的年底，召开专门的会议。图 4-40 是××科技集团有限公司"2020 年度经营总结"暨"2021 年度经营计划"研讨会议。

图 4-40　××科技集团有限公司"2020 年度经营总结"暨

"2021 年度经营计划"研讨会议

第5章

精益化、自动化、信息化、
数字化、智能化的定义

5.1　精益化

精益化是指在企业中使用精益生产的理论、方法与工具，优化企业管理，为企业的自动化、信息化、数字化、智能化打下良好基础。精益生产的相关内容包括精益生产的定义，见"第 1 章　精益生产简介"。

5.2　自动化

5.2.1　自动化的定义

GB/T 15312—2008《制造业自动化　术语》中指出，自动化（Automation）是将过程、进程或设备转换成自动运行。

设备或装置自动化之后，可按照既定的程序或指令自动工作，可以把人或动物从繁重的体力劳动、部分的脑力劳动中解脱出来。使用人力、畜力来搬运货物，对人、畜来说都是繁重的体力劳动。采用汽车来运输货物，人（驾驶员）变得比较轻松，汽车把人从繁重的体力劳动中解脱出来了。

采用自动化技术的设备或装置可以把人或动物从恶劣、危险的工作环境中解脱出来。如井下采煤，使用自动化的采煤机械，人不需要在危险的矿洞中工作或仅需要极少数的人在矿洞中工作，降低了人的危险性。

采用自动化技术的设备或装置能帮助人极大地提高生产效率，并且能提升人认识世界和改造世界的能力。

5.2.2　工厂的自动化

工厂的自动化一般包括生产过程自动化、产品检验自动化、产品包装自动化、物料流自动化及信息流自动化等。××公司在生产过程当中导入焊接机器人取代焊接工人的例子，如图 5-1～图 5-3 所示。

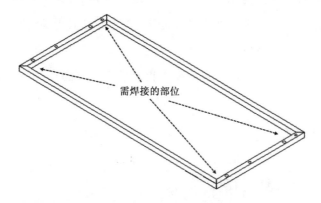

图 5-1　××公司需焊接的工件

图 5-2　××公司的焊接工人手工焊接工件

图 5-3　××公司导入焊接机器人取代工人自动焊接工件

较工人而言，自动化设备只要做好维护保养，就能不知疲倦地 24 小时不间断连续工作，制造效率大大提升；再者，自动化设备能严格按程序完成工作任务，产品质量有可靠的保证；同时，自动化设备不需要工资，也不需要购买社保，所以，企业在"机器换人"方面存在巨大的需求。

5.3　信息化

5.3.1　信息化的定义

中国科学技术协会对信息化的定义是：信息化是以现代通信、网络、数据库技术为基础，将所研究对象各要素汇总至数据库，供特定人群生活、工作、学习、辅助决策等和人类息息相关的各种行为相结合的一种技术，使用该技术后，可以极大地提高各种行为的效率，并且降低成本，为推动人类社会进步提供极大的技术支持。

在一般企业的应用场景中，可以这样理解信息化。

信息化对企业的业务流程进行优化、重构、固化。信息化之前要建立和优化企业的业务流程，这一过程也称为业务流程的优化和重构。××公司为××设备建立的"设备点检基准书"如表 5-1 所示。

表 5-1 设备点检基准书

广东 ×× 有限 公司	设备 名称	设备 型号	设备 编号	设备点检基准书		版本	编制 者	审核	批准	管理 编号
	××	××	××			V1	××	××	××	××-××- ××
序号	部位	项目	图片	周期	执行 时间	完成 时间 (分钟)	运行/ 停机	方法	判断 标准	工具	责任人
1	气源 三联件	压缩 空气 气压		每天 一次	早班 8:15	1	运动	自视 检查	气压在 0.5～ 0.7Mpa 范围内	眼睛	设备点 检员
2～4	……	……	……	……	……	……	……	……	……	……	……

××公司建立的设备点检基准书的审批流程，如图 5-4 所示。

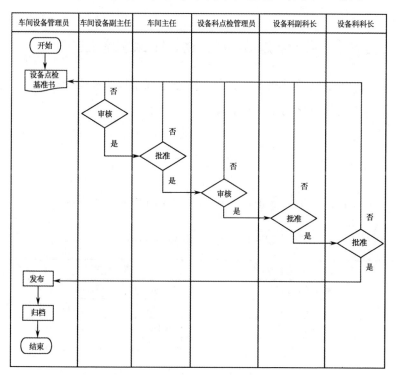

图 5-4 设备点检基准书的审批流程

信息化把企业建立和优化的线下业务流程搬到信息技术（Information Technology，IT）系统上，交由 IT 系统来完成，这一过程称为线下业务流程的固化。

5.3.2 信息化的作用

信息化让企业员工清楚地了解到业务的状况、流程的进展情况等信息，同时，信息化会自动记录业务事件，所有这些都有助于提高企业的工作效率，优化资源配置，支撑高效的决策，并且留下管理的痕迹。如"企业资源计划（Enterprise Resource Planning，ERP）系统""办公自动化（Office Automation，OA）系统"等，都是企业管理常见的信息化系统。总之，信息化是提升企业经济效益和竞争能力的有力手段。

5.3.3 业务流程是核心和主体，IT 系统是工具

在企业信息化的过程中，企业的业务流程是核心和主体，IT 系统是业务流程实现信息化的工具和载体。

5.3.4 企业常用的信息系统

企业在信息化的过程中，常用的信息系统如表 5-2 所示。

表 5-2　企业常用的信息系统

序号	信息系统中文名称	英文及缩写
1	企业资源计划	Enterprise Resource Planning，ERP
2	办公自动化	Office Automation，OA
3	制造执行系统	Manufacture Execution System，MES
4	物资需求计划	Material Requirement Planning，MRP
5	产品全生命周期管理	Product Lifecycle Management，PLM
6	集成产品开发	Integrated Product Development，IPD

续表

序号	信息系统中文名称	英文及缩写
7	高级计划与排程	Advanced Planning and Scheduling，APS
8	仓储管理系统	Warehouse Management System，WMS
9	供应商关系管理	Supplier Relationship Management，SRM
10	能源管理系统	Energy Management System，EMS
11	客户关系管理	Customer Relationship Management，CRM
12	销售点（又称"实时销售"）	Point of Sale，POS
13	组织及项目管理	Organizational Project Management，OPM
14	计算机辅助设计	Computer Aided Design，CAD
15	企业资产管理	Enterprise Asset Management，EAM
16	制造管理系统	Manufacturing Management System，MMS
17	财务管理系统	Financial Management System，FMS
18	计算机辅助工程	Computer Aided Engineering，CAE
19	计算机辅助制造	Computer Aided Manufacturing，CAM
20	品质管理系统	Quality Management System，QMS
21	人力资源管理	Human Resource Management，HRM
22	全员生产维护	Total Productive Maintenance，TPM
23	供应链管理	Supply Chain Management，SCM
24	业务流程管理	Business Process Management，BPM

表 5-2 所示信息系统能够满足企业不同领域业务管理的需求。

5.4　数字化

5.4.1　数字化的定义

GB/T 18725—2008《制造业信息化　技术术语》中指出，数字化（Digitalization）是以数字形式表示（或表现）本来不是离散数据的数据。具体说来，也就是将图像或声音等转化为数字码，以便这些信息能由计算机系统处理与保存。在信息化时代，数字化已经变成代表信息化程度的一个重要指标。GB/T 18725—2008《制造业信息化 技术术语》从技术层面给出了数字化最原始的含义。

5.4.2 企业数字化转型的定义

中国国家发改委对数字化转型的定义是：传统企业通过将生产、管理、销售各环节都与云计算、互联网、大数据相结合，促进企业研发设计、生产加工、经营管理、售后服务等业务数字化转型。从这个定义来看，企业数字化转型的基础是新一代的数字技术（如云计算、大数据、物联网、人工智能、区块链等），涉及企业的生产、管理、销售各环节，其目的是通过促进企业的转型，提升企业的竞争能力。

华为在《行业数字化转型方法论白皮书（2019）》中给出了行业数字化转型定义：我们认为数字化转型是通过新一代数字技术的深入运用，构建一个全感知、全联接、全场景、全智能的数字世界，进而优化再造物理世界的业务，对传统管理模式、业务模式、商业模式进行创新和重塑，实现业务成功。数字化转型的本质是在新一代数字技术驱动下的业务转型，根本目的在于提升企业的竞争能力。

5.4.3 数字化转型的团体标准

中关村信息技术和实体经济融合发展联盟发布了如下团体标准。

（1）T/AIITRE 10001—2021《数字化转型　参考架构》。

（2）T/AIITRE 10002—2020《数字化转型　价值效益参考模型》。

（3）T/AIITRE 20001—2021《数字化转型　新型能力体系建设指南》。

（4）T/AIITRE 10003—2021《信息化和工业化融合管理体系　新型能力分级要求》。

（5）T/AIITRE 20002—2021《信息化和工业化融合管理体系　评定分级指南》。

（6）T/AIITRE 10004—2023《数字化转型　成熟度模型》。

（7）T/AIITRE 20003—2022《数字化转型　成熟度评价指南》。

5.5　智能化

5.5.1　智能化的定义

百度百科对智能化给出的定义：智能化是指事物在计算机网络、大数据、物联网和人工智能等技术的支持下，所具有的能满足人的各种需求的属性。如无人驾驶汽车就是一种智能化的事物，它将传感器、物联网、移动互联网、大数据分析等技术融为一体，从而能动地满足人的出行需求。它是能动的，因为它不像传统的汽车，需要被动地人为操作驾驶。无人驾驶汽车能自适应、自校正、自协调、自诊断、自修复、自决策。所以，可以这么理解，智能化的实质就是让机器取代人进行决策并自动采取相应的适应、校正、协调或修复等行动。

5.5.2　智能化给企业带来的价值

智能化给企业带来的价值具体包括如下五个方面。

1）更敏捷的运营

敏捷的运营如柔性制造生产、快速的生产切换，甚至混流生产等。更敏捷的运营意味着对客户各种差异化的需求有更快速响应的能力。

2）更充分的定制化

××公司实现智能制造之后，是按如下步骤实现客户对产品的定制化需求的。

（1）客户设计产品。客户在企业的定制化平台上，根据自己的喜好设计产品的颜色、尺寸大小、产品的组合、交付的方式等，客户完成设计后在定制化平台上提交订单，发起下单流程。

（2）PLM 平台自动设计产品，规划加工工艺路径及物料清单等信息。订单信息经过互联网传到企业的 PLM 平台，开始按流程自动设计产品。PLM 平台自动规划加工工艺路径及物料清单等生产信息，并且利用仿真，对加工工艺路径及物料清单等进行校验，目的是降低制造的风险，减少或杜绝生产制造过程中出现的异常，提高生产效率。

（3）自动化生产产品。在仿真校验完成后，PLM 平台将加工工艺路径及物料清单等信息发送到生产制造系统进行自动化生产。

（4）利用自动化的物流系统，将产品转运至仓库，再发给客户。

3）为客户随时提供优质的服务

以客户期望的形式、时间和渠道向客户提供优质的产品和服务，不受地理位置、时间及空间的限制。

4）更智能的决策支持

对外部的变化及时做出决策响应，减少或杜绝决策过程中人的干预。

5）构建全新的产品、服务和商业模式

智能化的运营模式和工作方法能够构建以智能化技术为核心的全新的产品、服务和商业模式。

5.5.3 智能制造

人力资源社会保障部联合工业和信息化部组织有关专家,制定《智能制造工程技术人员国家职业技术技能标准(2021 年版)》,在其"附录 A 术语和定义"中,指出智能制造是基于新一代信息通信技术与先进制造技术深度融合,贯穿于设计、生产、管理、服务等制造活动的各个环节,具有自感知、自学习、自决策、自执行、自适应等功能的新型生产方式。

5.5.4 智能制造能力

GB/T 39116—2020《智能制造能力成熟度模型》(简称"GB/T 39116—2020",下同)对"智能制造能力"给出的定义是"为实现智能制造的目标,企业对人员、技术、资源、制造等进行管理提升和综合运用的程度"。

5.5.5 智能制造企业

1)智能制造能力成熟度模型

GB/T 39116—2020 在"4 模型构成"中明确的智能制造能力成熟度模型,如图 5-5 所示。

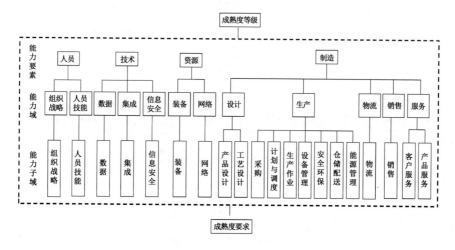

图 5-5 智能制造能力成熟度模型

2）成熟度等级

GB/T 39116—2020 在"5 成熟等级"中明确了智能制造能力成熟度等级，并对成熟度等级进行了说明。"5 成熟等级"的内容如下。

成熟度等级规定了智能制造在不同阶段应达到的水平，成熟度等级分为五个等级，自低向高分别为一级（规划级）、二级（规范级）、三级（集成级）、四级（优化级）、五级（引领级）。较高的成熟度等级要求涵盖了低成熟度等级的要求。成熟度等级如图 5-6 所示。

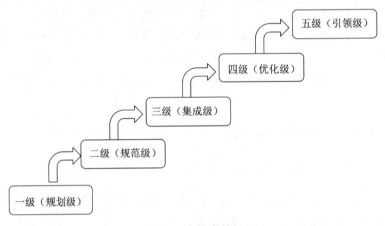

图 5-6　成熟度等级

一级（规划级）：企业应开始对实施智能制造的基础和条件进行规划，能够对核心业务活动（设计、生产、物流、销售、服务）进行流程化管理。

二级（规范级）：企业应采取自动化技术、信息技术手段对核心装备和核心业务活动等进行改造和规范，实施单一业务活动的数据共享。

三级（集成级）：企业应对装备、系统等开展集成，实现跨业务活动间的数据共享。

四级（优化级）：企业应对人员、资源、制造等进行数据挖掘，形成知识、模型等，实现对核心业务活动的精准预测和优化。

五级（引领级）：企业应基于模型持续驱动业务活动的优化和创新，实现产业链协同并衍生新的制造模式和商业模式。

3）智能制造企业

智能制造企业是一个非常宽泛的概念，要判断一个企业是不是智能制造企业，属于智能制造成熟度等级的哪一个级别，可以按 GB/T 39116—2020 对企业进行智能制造能力成熟度评估。依据评估的结果，判断企业是属于一级（规划级）、二级（规范级）、三级（集成级）、四级（优化级）、五级（引领级）中的哪一个级别。

5.6 精益化、自动化、信息化、数字化、智能化之间的关联性

近年来，数字化、智能化成为热门词汇，数字化转型，智能化发展成为谈及企业发展时的必备主题。各类数字化转型、智能化发展的方法论也如雨后春笋般涌现。这里列举一些有代表性的数字化转型方法论，如表 5-3 所示。

表 5-3　一些有代表性的数字化转型方法论

序号	发布的单位	方法论或白皮书名称	备注
1	阿里云研究中心	阿里云研究中心白皮书系列《新一代数值化转型》	2018 年 9 月发布
2	华为公司数据管理部	《华为数据之道》	机械工业出版社，2020 年 11 月 1 日出版
3	华为技术有限公司	《华为｜行业数字化转型方法论白皮书（2019）》	在"华为中国生态伙伴大会 2019"上发布
4	第四范式（北京）技术有限公司携手德勤中国联合发布	数字化转型新篇章：通往智能化的"道、法、术"	2019 年 9 月发布
5	用友网络科技股份有限公司	企业数字化：目标路径与实践	2019 年 1 月发布

这里从如下几个方面介绍企业的精益化、自动化、信息化、数字化、智能化之间的关联性。

5.6.1 自动化、信息化、数字化、智能化之前要先精益化

从"第1章 精益生产简介"中可以知道，为减少投入，降低成本，LP 要求杜绝浪费、合理利用企业资源，最大限度地消除一切对产品不起增值作用的无效工作。

在这里，分享日本××汽车公司参观美国××汽车公司时，发现美国××汽车公司把一个巨大的浪费（零配件储存）花大价钱实现了自动化、智能化的故事。通过这个故事，说明为什么自动化、信息化、数字化、智能化之前要先精益化。

1）日本××汽车公司实行来料免检的过程

日本××汽车公司是世界上著名的汽车生产商，旗下的轿车、越野车品牌享誉全球。该公司使用汽车零配件一级供应商提供的零配件，在汽车组装厂组装汽车。汽车零配件的送货、检验、入库、领用的过程，如图 5-7 所示。

图 5-7 汽车零配件的送货、检验、入库、领用的过程

在日本××汽车公司看来，汽车零配件的检验、入库、仓储都是浪费，如图 5-8 所示。所以，在推行精益生产的过程中，日本××汽车公司于 1968 年取消了汽车零配件的检验和入库环节，也取消了储存汽车零部件的仓库，汽车零配件一级供应商送来的汽车零配件，直接上汽车装配线组装使用，如图 5-9 所示。也在 1968 年，日本××汽车公司成功地实行了

来料免检的制度。

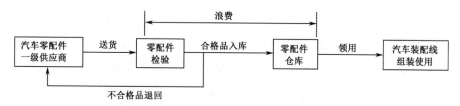

图 5-8 汽车零配件的检验、入库、仓储都是浪费

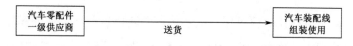

图 5-9 汽车零配件直接上汽车装配线组装使用

2）美国××汽车公司建立自动化、智能化的零配件立体仓库

1983 年，为了和美国××汽车公司合资建厂，在美国生产汽车向美国销售，日本××汽车公司派代表到美国××汽车公司参观考察。在参观考察的过程中，来到了美国××汽车公司的零配件仓库，美国××汽车公司的陪同高管，向日本××汽车公司的代表介绍：我们刚刚花 8 亿美元，建起这个全世界最大的、自动化和智能化水平最高的汽车零配件立体仓库，因为当时美国××汽车公司有几万种汽车零部件需要检验、入库、储存，仓库太小，越来越不够用了，所以建了这个自动化、智能化的零配件储存立体仓库。

美国××汽车公司的陪同高管在零配件立体仓库前，不停地向日本××汽车公司的代表炫耀他们的自动化、智能化立体仓库是多么先进，容量是多么大，自动化和智能化的水平有多么高，效率是多么高，因为在他们的这个仓库里，零配件的入库、放料、取料完全是自动的，完全不需要任何人工干预。

3）没有精益化的恶果

因为日本××汽车公司在 1968 年就已经成功地实行了来料免检的制

度，取消了零配件检验与仓储的环节。所以，当看到美国××汽车公司建起来的自动化、智能化立体零配件储存仓库时，日本××汽车公司的代表，感到匪夷所思。他们感受到这就是典型的没有浪费的概念，没有推行精益生产导致的恶果，在精益生产的理论中库存（包含零配件库存）是浪费之首，是重点要消除或尽量要减少的，而美国××汽车公司把一个巨大的浪费（零配件库存），花大价钱实现了自动化和智能化。

所以，在自动化、信息化、数字化、智能化之前一定要先精益化，把企业运营过程中存在的浪费识别出来予以消除，避免将浪费实现自动化、信息化、数字化、智能化。

5.6.2 信息化、数字化、智能化之间的关联性

1）数字化是信息化的必然需求

企业在对业务流程进行优化、重构以后交由 IT 系统进行固化，从这一点上来说，IT 技术是信息化的基础。

企业信息化运行中需要的大量数据，如设备运行生产中的数据，其采集与利用需要数字化的技术手段来支持；企业信息化运行中产生的大量数据需要利用数字化的技术手段（如建模、仿真等）来处理。所以，数字化是信息化的必然需求。

2）由信息化到数字化是从量变到质变的过程

许多企业在信息化建设过程中是碎片化建设。由于企业在信息化过程中缺乏系统性的规划，各业务系统分散进行信息化建设，再加上建设时期不同步及导入的信息系统来自不同的供应商，导致信息系统之间数据不能贯通，形成信息孤岛和数据孤岛。如××企业早期建立的设备管理系统，与后期建立的制造执行系统（Manufacturing Execution System，MES）及能源管理系统等，数据相互之间不能贯通共享，形成设备管理数据、生产

制造数据及能源管理数据的孤岛。这种情况称为信息化的碎片化建设。

但企业实现数字化要求构建一个全企业最优的技术体系和数据管理、利用体系，使全局数据能贯通、融合、共享，使数据利用最大化，产生增值的服务，满足企业的业务需求。企业在实现数字化的过程中，不但要解决企业信息化碎片化建设带来的问题，如消除数据孤岛，使各信息系统之间的数据能贯通、融合、共享，还要打造以客户为中心的，新的数字化、智能化的产品或服务，重塑企业的运营模式或商业模式，提升企业的竞争能力。所以，由信息化到数字化是从量变到质变的过程。

3）智能化是数字化的高级应用阶段

信息化形成的数据，经过数字化的处理，为智能化提供了充分的、能够便捷使用的数据信息，有待进一步应用实现智能化。

以此数据信息为基础，可以形成基础的智能化。例如，当空调听到你"将温度调节到26℃"的指令，会将温度自动调节到26℃。

以此数据信息为基础，能实现更深入的智能化。例如，空调会根据主人使用空调的习惯，掌握主人在某个时间段调节温度的习惯，在某个时间段自动为主人调好温度。某位男士在其卧室使用智能化空调时，白天习惯调节的温度是24℃或25℃，晚上习惯调节的温度是26℃或27℃。他卧室的智能化空调会利用自身具备的学习、分析及决策的能力，掌握主人使用空调的习惯，为主人在白天及晚上自动调节好温度。智能化空调的学习能力，是指智能化空调的各类终端会自动收集主人使用空调的行为习惯信息并形成数据。智能化空调的分析决策能力，是指智能化空调依据形成的数据，并对数据进行分析，做出满足主人使用空调行为习惯的决策。结果就是，智能化的空调，自动在白天把主人卧室的温度调成24℃或25℃，晚上把主人卧室的温度调成26℃或27℃。可以看出，这位男士卧室的智能化空调，能够替代他做出卧室在哪个时间段需要将空调调节到什么温度的决策。所以，智能化的实质就是让机器取代人进行决策，智能化是数字化的高级应用阶段。

总之，对信息化、数字化、智能化之间的关联性，可以明确如下几点。

（1）信息化、数字化、智能化的过程与具体内容之间在一定范围内存在交叉与重叠，没有绝对的、泾渭分明的界限。

（2）企业的信息化、数字化、智能化的过程是一个继承与发展的过程。

企业在继承信息化成果的基础上，引入新一代的数字技术（如云计算、大数据、物联网、人工智能、区块链等）与理念，解决企业在信息化过程中存在的问题或瓶颈，才能实现数字化。企业在继承数字化成果的基础上，再引入新一代技术与理念，解决企业在数字化过程中存在的问题或瓶颈，才能做到智能化。所以，从信息化到数字化再到智能化，可以理解为后者是前者的升级。换句话说就是，企业信息化、数字化、智能化的过程不是一个简单替代的过程，而是一个继承与发展的过程。

（3）企业在智能化的基础上仍然需要持续改进。

（4）企业的信息化、数字化、智能化都是为了提升企业的竞争能力。

对企业来说，无论是进行信息化建设，还是开展数字化转型，抑或是进行智能化提升，其目的都是使企业拥有更广阔的生存空间，实现高质量的发展。从这个角度来说，企业的信息化、数字化、智能化殊途同归，都是为了逐步提升企业的竞争能力。

第二部分

案例篇

第6章

方针管理中精益化、自动化、信息化、数字化、智能化的规划及实施案例

6.1 ××工业自动化产品（广州）有限公司简介

××工业自动化产品（广州）有限公司（简称××自动化公司）位于广州市高新技术开发区，于 2010 年上半年建成投产。××自动化公司自成立以来，通过自动化软件和××自动化产品的应用，全面实现了自动化产品的研发、制造、质量管理和物流系统的数字化，成为××自动化公司在中国的数字化工厂。

××自动化公司主要负责研发和生产工业自动化系统的系列产品，包括可编程逻辑控制器（Programmable Logic Controller，PLC）、人机交互界面（Human–Machine Interaction，HMI）、变频器（Variable-Frequency Drive，VFD）等产品，供应中国及全球工业市场。××自动化公司的系列产品被广泛应用于汽车制造、机械制造、食品饮料、制药、石油化工、地铁轨道交通等领域。××自动化公司的 PLC、HMI、VFD 产品分别如图 6-1、图 6-2 和图 6-3 所示。

图 6-1　PLC

图 6-2　HMI

图 6-3　VFD

6.2　精益化、自动化、信息化、数字化、智能化的规划及实施

　　××自动化公司 2013—2022 年实施了两个 5 年计划。各子公司的 5 年计划各不相同，我们把××自动化公司的两个 5 年计划中有关精益化、自动化、信息化、数字化、智能化的实施内容进行归纳汇总，形成××自动化公司 10 年实施智能化的线路图，如图 6-4 所示。

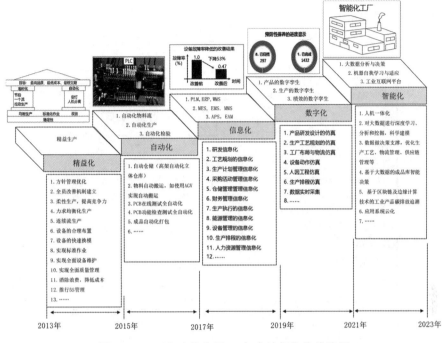

图 6-4 ××自动化公司 10 年实施智能化线路图

实际上，××自动化公司的精益化、自动化、信息化、数字化、智能化推进，并非绝对按图 6-4 所示的时间阶梯严格梯次推进，在一定范围内是存在交叉与重叠的。

××自动化公司的两个 5 年计划中有关精益化的 2 年规划框图如图 6-5 所示。

第 5 章 "5.6 精益化、自动化、信息化、数字化、智能化之间的关联性"中讲过，企业的信息化、数字化、智能化的过程与内容在一定范围内存在交叉与重叠，没有绝对的、泾渭分明的界限。××自动化公司就属于其中的典型。例如，××自动化公司在实施精益生产时，推行全面质量管理，就实施了 PCB 在线测试全自动化及 PCB 功能检查测试全自动化两个项目。再如，××自动化公司在实施精益生产时，推行全面设备维护，就建立了设备管理信息化系统。××自动化公司的设备资产管理信息系统功能模块如图 6-6 所示。

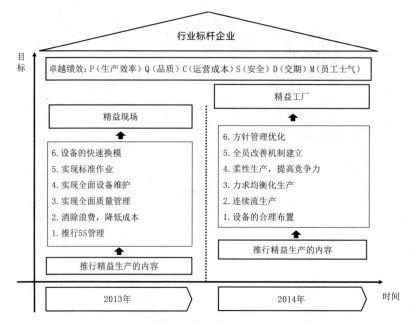

图 6-5　××自动化公司推行精益生产的 2 年规划框图

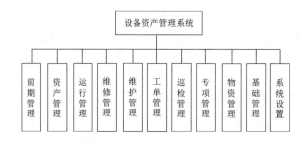

图 6-6　××自动化公司的设备资产管理信息系统功能模块

××自动化公司的设备资产管理信息系统中的管理制度查询界面如图 6-7 所示。

从图 6-7 可以看出，××自动化公司的精益化、自动化、信息化、数字化、智能化的过程，基本上是一个阶梯一个阶梯逐步上升的过程。用这个阶梯过程可以印证如下两个观点。

图 6-7　管理制度查询界面

（1）企业在自动化、信息化、数字化、智能化之前，首先要精益化，精益化是基础。

（2）企业的信息化、数字化、智能化的过程是一个继承与发展的过程，从信息化到数字化再到智能化，可以理解为后者是前者的升级。

上面两个观点，在第 5 章 "5.6　精益化、自动化、信息化、数字化、智能化之间的关联性" 中介绍过。

智能化不能一蹴而就，也不是最终目的，在智能化的基础上需持续改善。

第7章

A集团公司的精益化

7.1 A 集团公司简介

中国著名家电企业 A 集团公司是一家产业多元化的公司，在全球 14 个国家分布着 35 个制造基地。其中，在中国的制造基地有 18 个，海外制造基地有 17 个。A 集团公司共有三个方面的主营业务。

A 集团公司的第一个主营业务是电子产品基板组装、汽车电子产品成品组装等，由广东××电子有限公司承接这些产品的生产与销售任务。其生产的印制电路板及角度编码器分别如图 7-1 和图 7-2 所示。

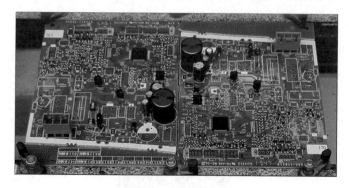

图 7-1 印制电路板

图 7-2　角度编码器

A 集团公司的第二个主营业务是包括自动刷牙机、电动剃须刀、燃气报警器、充电器、电饭煲、空调、洗衣机、电冰箱等在内的电器产品，深圳××电子有限公司是生产、销售上述产品的企业。该公司是采用并购的方法，通过整体购买而成为 A 集团公司的全资子公司的。其生产的锂电池充电器如图 7-3 所示。

图 7-3　锂电池充电器

A 集团公司的第三个主营业务是生产和销售铁矿，其产品主要是铁矿石（见图 7-4）、铁精矿等，××矿业有限公司负责这些产品的生产与销售的任务。

图 7-4　铁矿石

A集团公司在推行LP，运用LP的理论、方法、工具，助力企业方针实现的过程中，取得了良好的成绩，总结出了很多宝贵的经验。在这一章中将有选择性地介绍A集团公司精益化（推行LP）的一些案例。

7.2　A 集团公司的深圳××电子有限公司运用精益价值流技术降低制造成本

7.2.1　企业简介

深圳××电子有限公司于2010年成立，是A集团公司的全资子公司，拥有600多名员工，是一家集专业研发、制造、销售为一体的大型电子企业。其主要产品有自动刷牙机、电动剃须刀、燃气报警器等。该公司的电动剃须刀产品如图7-5所示。

图 7-5　深圳××电子有限公司的电动剃须刀

深圳××电子有限公司设备齐全，工艺流程复杂。主要包括注塑成型、铣床加工、真空镀膜、彩印、预装配、总装配等工序。

7.2.2　开展价值流分析的背景

2021 年年底，深圳××电子有限公司组织进行企业方针及经营计划的编制工作，在工作期间总经理提出要求，电动剃须刀事业部的制造成本在 2022 年要由 2021 年的 4.15 亿元降低到 3.74 亿元，降低幅度为 10%，要求成立课题小组研究如何达到目标。图 7-6 是该企业在管理咨询机构老师的指导下，组织人员分解后得出的成本降低逻辑图。

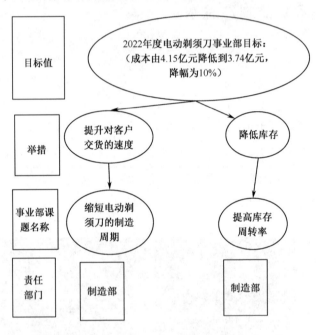

图 7-6　成本降低逻辑图

为缩短电动剃须刀的制造周期，提高库存周转率，电动剃须刀事业部决定运用 LP 价值流分析工具，由价值流分析开始进行生产流程的精益改善。

7.2.3　活动的目的

活动的目的主要如下：

（1）缩短电动剃须刀的制造周期；

（2）提高库存周转率。

7.2.4　活动的目标指标

价值流分析活动的目标指标如表 7-1 所示。

表 7-1　价值流分析活动的目标指标

序号	指标名称	2021 年	2022 年目标
1	电动剃须刀的制造周期	27.9 天	4 天
2	库存周转率	4 次	6 次
3	制造成本	—	下降 10%

7.2.5　活动计划

深圳××电子有限公司计划用 1 年的时间，完成价值流分析活动的开展。价值流分析活动的推行工作计划，如表 7-2 所示。

表 7-2　价值流分析活动的推行工作计划

（图例："△"表示计划；"≡"表示已经完成；"—"表示正在实施）

序号	工作内容	2022 年											
		1 月	2 月	3 月	4 月	5 月	6 月	7 月	8 月	9 月	10 月	11 月	12 月
1	价值流分析导入培训	△											
2	成立价值流分析活动推行小组	△											
3	电动剃须刀价值流图析之现状图绘制	△											
4	电动剃须刀价值流图析之未来图绘制	△	△										
5	按未来图实施		△	△	△	△	△	△	△	△	△	△	△
6	项目总结发表												△

7.2.6　活动的内容

1）价值流分析的导入培训

开展价值流分析的导入培训，让企业管理人员（主要是制造部的管理干部）理解价值流分析的概念，改变其思维。

（1）价值流的定义。

价值流就是一个产品通过其生产过程（工序）的全部活动，包括增值的活动及非增值的活动。

（2）价值流图。

使用共通的语言（如文字、字母及特定的符号等），对产品生产过程的价值流进行描绘，形成价值流图。典型的价值流图的框架如图 7-7 所示。图 7-7 中的"I"表示库存。

（3）价值流图的层级。

1998 年，迈克·鲁斯（Mike Rother）及约翰·舒克（John Shook）在其所著的 *Learning to see*（中文译为《学习观察》）中，介绍了门对门的价值流，价值流图分析的对象在一个工厂内，以介绍汽车行业的为主。2002 年，丹·琼斯（Dan Jones）及吉姆·沃麦克（Jim Womack）在其所著的 *Seeing the whole*（中文译为《纵观全局》）中，介绍了整个产品实现的价值流（总价值流），价值流图分析的对象包括整个制造过程，行业扩展到制造业及其他行业。门对门的价值流与整个产品实现的价值流如图 7-8 所示。

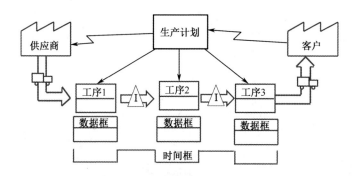

图 7-7 典型的价值流图的框架

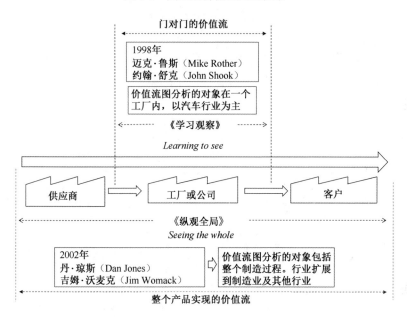

图 7-8 门对门的价值流与整个产品实现的价值流

价值流分析也可以在车间或工序间进行。图 7-9 表示的是车间级的价值流。

（4）价值流分析。

价值流分析是指将产品的制造过程绘成价值流图，再进行分析。

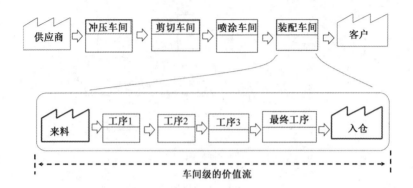

图 7-9　车间级的价值流

（5）推行价值流分析的目的。

推行价值流分析的目的如图 7-10 所示。

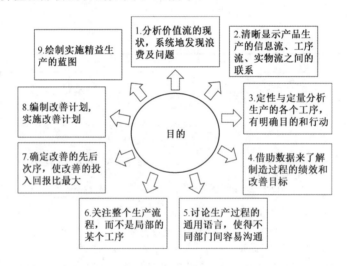

图 7-10　推行价值流分析的目的

2）成立价值流分析活动推行小组

深圳××电子有限公司的制造部为达到改善活动的目标，成立了价值流分析活动推行的组织架构，如图 7-11 所示。

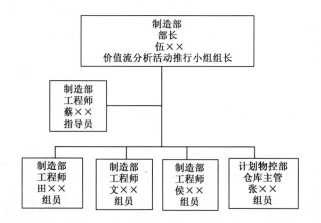

图 7-11 价值流分析活动推行的组织架构

组织架构中的各岗位职责如表 7-3 所示。

表 7-3 组织架构中的各岗位职责

序号	岗位名称	职责
1	制造部（部长伍××，价值流分析活动推行小组组长）	总体统筹价值流分析活动推行小组的工作，制定推行的目标指标，协调公司的资源，确保项目推行成功
2	制造部（工程师蔡××，指导员）	负责价值流分析的技术支持工作。负责价值流分析导入培训，编制项目推行的计划，定期检讨计划的执行情况。负责宣传及氛围营造等方面的工作
3	制造部（工程师田××，组员）	负责与价值流分析相关的制造现场的数据收集、分析整理的工作
4	制造部（工程师文××，组员）	负责组织完成制造生产现场的工艺布局的调整与改善的工作
5	制造部（工程师侯××，组员）	负责组织完成价值流分析改善中涉及的人员调整及培训方面的工作，负责生产组织等方面的工作
6	计划物控部（仓库主管张××，组员）	负责提高库存周转率的课题改善工作

7.2.7 活动的成果

1）现状图

推行小组绘制的电动剃须刀价值流图析之现状图如图 7-12 所示。

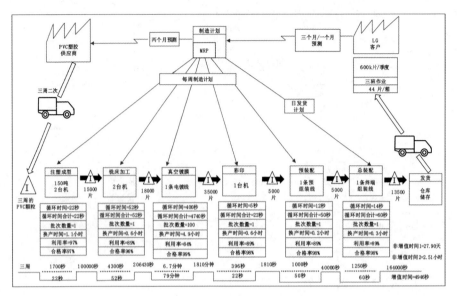

图 7-12　电动剃须刀价值流图析之现状图

2）未来图

推行小组绘制的电动剃须刀价值流图析之未来图如图 7-13 所示。

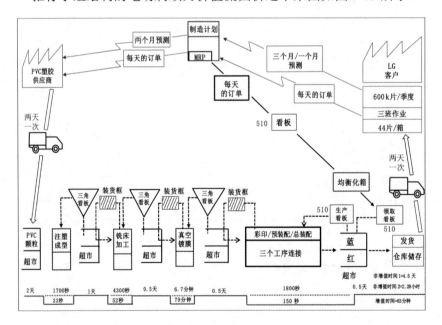

图 7-13　电动剃须刀价值流图析之未来图

3）按未来图实施后的效果

深圳××电子有限公司在一年的价值流分析改善活动中，电动剃须刀按未来图实施后达到的效果，如表 7-4 所示。

表 7-4 电动剃须刀按未来图实施后的效果

项目	现状图	按未来图实施后	最终结果
非增值时间 1	27.90 天	4.5 天	降低 88.09%
非增值时间 2	2.51 小时	2.28 小时	降低 9.16%
增值时间比例	0.20%	1.20%	提升 83.33%

从表 7-4 可以看出，电动剃须刀按未来图实施后有如下几个方面的成果。

（1）增值时间比例提高 6 倍，非增值时间的比例缩短为之前的 1/7 左右；

（2）企业库存周转率大幅提高；

（3）现金流加快，现金流充裕；

（4）生产成本降低；

（5）企业的竞争力大幅提升。

4）活动达到了预期的目标

2022 年年底，经过核算，深圳××电子有限公司通过开展价值流分析改善活动，达到了预期的目标，如表 7-5 所示。

表 7-5 开展价值流分析改善活动的成果

序号	指标名称	2021 年	2022 年目标	2022 年实际	结果
1	电动剃须刀的制造周期	27.9 天	4 天	4.7 天	达到目标
2	库存周转率	4 次	6 次	6.5 次	达到目标
3	制造成本	—	下降 10%	下降 11.5%	达到目标

7.2.8 案例点评

价值流分析是 LP 的重要工具。许多企业在导入 LP 的理念和方法后，直接针对现场不合理的状况开展改善活动，这些改善活动表面上看起来轰轰烈烈，但从宏观的角度看可能只是改变了产品价值链很小的一部分，最终很难彻底做到降低成本，提升物流速度，改善企业体制。所以，企业在开展改善活动前，需要一个有效的工具或方法，帮助领导者从宏观的角度，从原材料仓到成品仓的流程（举例见图 7-14 所示的××公司价值流分析的范围）上审视各项业务及各个工序，可以轻易找出浪费的重点所在，然后有选择性、有重点地将其消除，为企业进行持续的、系统化的改进提供科学依据。

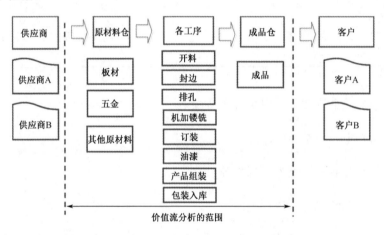

图 7-14　××公司价值流分析的范围

7.3　A 集团公司的××矿业有限公司推行 TPM 提升设备管理水平

7.3.1　企业简介

××矿业有限公司（简称"××矿业公司"）是 A 集团公司的全资子

公司，掌控的铁矿石资源多、产量规模大，是一个具有先进的工艺技术及低成本运行模式的公司。××矿业公司集探矿、采矿、选矿、烧结及球团生产为一体，具有较为完整的产业链。××矿业公司现有职工 16 000 余人，有挖掘机、电铲、矿石运输车（见图 7-15）等设备。主要生产铁矿石、铁精矿等产品。

矿石运输车

图 7-15　矿石运输车

7.3.2　推行 TPM 的背景

××矿业公司在推行 TPM 前，有基本的设备管理的规章制度，配备有相应的设备管理与维修人员，对设备有一定程度的管控。但是，××矿业公司设备在各个专业模块的管理，有的待优化完善，有的甚至缺失，没有形成 PDCA 的管理闭环。××矿业公司设备管理缺乏系统性、规范性与预见性，没有形成具有自身特色的设备管理模式。现场的设备呈现如下的状态。

（1）设备故障频发，设备出故障见怪不怪；设备维修管理人员非常忙碌，像消防队员一样，一直处于"救火"的状态。

（2）人们普遍认为，设备出现故障，及时修复就好了。

因此，××矿业公司决定开展 TPM 活动，建立设备管理体系，提升设备管理水平。

（3）在制订 2022 年度的企业方针及经营计划时，对企业的关键设备（如矿石运输车等）提出了每台设备生产效率提升 30% 的目标。对关键设备矿石运输车生产效率提升 30% 的分解过程如图 7-16 所示。

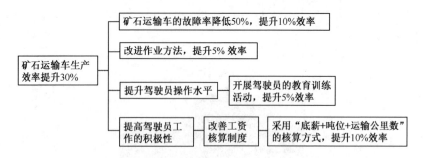

图 7-16 对矿石运输车生产效率提升 30% 的分解过程

7.3.3 推行 TPM 的目的

××矿业有限公司开展 TPM 活动，主要有如下目的：

（1）提升企业的设备管理水平，满足企业准时交付客户产品的需求；

（2）证明企业的设备管理能力，打牢设备为企业及相关方最大化地创造价值的物质基础；

（3）提升企业为客户服务的水平，使客户对企业更有信心。

7.3.4 推行 TPM 的目标指标

开展 TPM 活动的目标指标如表 7-6 所示。

表 7-6 开展 TPM 活动的目标指标

序号	指标名称	2021 年	2022 年目标
1	关键设备的故障率	1.2%	0.6%（下降 50%）
2	关键设备的综合效率（OEE）	65%	78%（提升 20%）

7.3.5 推行 TPM 的活动计划

××矿业有限公司计划用 1 年的时间，通过推行 TPM，建立设备管理体系及设备管理评价体系。TPM 活动的开展计划如表 7-7 所示。

表 7-7 TPM 活动的开展计划

（图例："△"表示计划；"≡"表示已经完成；"—"表示正在实施）

序号	工作内容	2022 年											
		1 月	2 月	3 月	4 月	5 月	6 月	7 月	8 月	9 月	10 月	11 月	12 月
1	TPM 导入培训	△											
2	成立 TPM 活动推行小组	△											
3	建立设备管理体系	△	△	△	△	△	△	△	△	△	△	△	
4	建立设备管理评价体系		△					△	△	△	△	△	△
5	项目总结发表												△

7.3.6 推行 TPM 活动的内容

1）TPM 的导入培训

开展 TPM 的导入培训，让企业管理人员尤其是负责设备管理的管理干部理解 TPM 的概念、历史与发展，了解 TPM 的理论、方法与工具，在思想上统一认识。

2）成立 TPM 活动推行小组

××矿业公司的设备管理室为达到改善活动的目标，成立了 TPM 活动推行的组织架构，如图 7-17 所示。

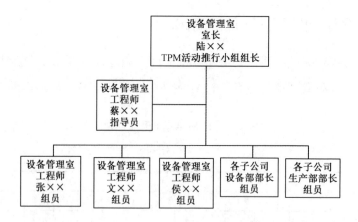

图 7-17   TPM 活动的组织架构

组织架构中的各岗位职责如表 7-8 所示。

表 7-8   组织架构中的各岗位职责

序号	岗位名称	职责
1	设备管理室（室长陆××，TPM 活动推行小组组长）	总体统筹 TPM 推行小组的工作，制定推行的目标指标，协调公司的资源，确保项目推行成功
2	设备管理室（工程师蔡××，指导员）	负责 TPM 管理的导入培训，编制项目推行的计划，定期检讨计划的执行情况。负责宣传及氛围营造等方面的工作
3	设备管理室（工程师张××，组员）	负责专业维修（预防性维修）相关工作的推进，负责设备管理体系及设备管理评价体系的建立工作，并且指导各子公司落地实施
4	设备管理部（工程师文××，组员）	负责自主维护相关工作的推进，负责优化各类设备的基准书与记录表，并且指导各子公司落地实施
5	设备管理室（工程师侯××，组员）	负责各子公司关键设备故障率降低、设备综合效率（OEE）提升课题的推进
6	各子公司设备部部长（组员）	负责所在的子公司专业维修（预防性维修）工作的落地实施，负责设备管理体系及设备管理评价体系在子公司的落地实施
7	各子公司生产部部长（组员）	负责所在子公司自主维护工作的落地实施

3）建立设备寿命周期的闭环管理机制

在顾问机构的指导下，通过推行 TPM，对设备寿命周期管理的 22 项管理活动逐项进行优化完善，逐项建立闭环管理机制并在企业中落地实施。这 22 项管理活动如表 7-9 所示。

表 7-9　设备寿命周期管理的 22 项管理活动

序号	设备寿命周期管理活动
1	方针目标
2	机构职责
3	个别改善
4	初期管理
5	风险管理
6	自主维护
7	点检管理
8	状态监测
9	润滑管理
10	故障管理
11	专业维修
12	备件管理
13	改造管理
14	后期管理
15	资产管理
16	团队成长
17	特种设备
18	档案管理
19	知识管理
20	智能运维
21	5S 管理
22	小组活动

4）落实自主维护及专业维修工作

在落实自主维护及专业维修（预防性维修）消除故障方面，主要是开展五个方面的工作。

（1）满足设备运行的基本条件，如对设备进行日常的清扫、维护保养、润滑、点检等。

（2）遵守设备的使用条件。按设备操作规程正确使用设备，防止人为失误。

（3）及时消除劣化。定期开展预防性检查，及时发现设备精度劣化等问题，及时予以消除或复原。

（4）改善设计缺陷。即对设备先天性的缺陷及在使用当中反复出现故障的部位，进行改善。

（5）提高操作、维修人员的技能。通过教育训练，使操作工精通设备，使维修工精通设备及设备管理。

上述五个方面工作的逻辑关系如图 7-18 所示。

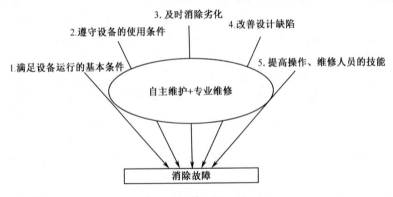

图 7-18　五个方面工作的逻辑关系

5）开展零故障管理活动

开展零故障管理活动，降低设备故障率，提高设备利用率。开展零故障管理活动所做的工作如图 7-19 所示。

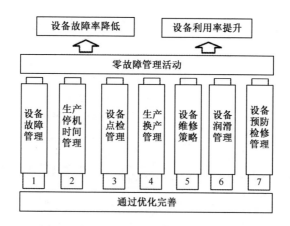

图 7-19 开展零故障管理活动所做的工作

7.3.7 活动的成果

××矿业公司通过一年开展 TPM 活动,取得了如下几个方面的成果。

(1)建立了设备管理体系,××矿业公司的设备管理体系手册如图 7-20 所示。

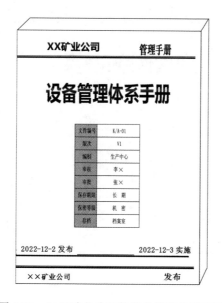

图 7-20 ××矿业公司的设备管理体系手册

××矿业公司的设备管理体系的文件层级如图 7-21 所示。

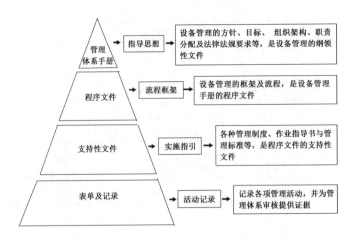

图 7-21　××矿业公司设备管理体系的文件层级

（2）建立了设备管理评价体系，××矿业公司的设备管理评价体系手册如图 7-22 所示。

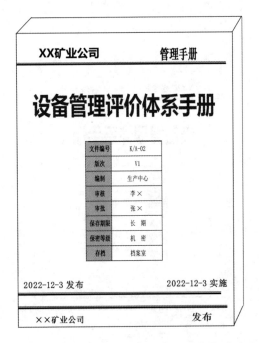

图 7-22　××矿业公司的设备管理评价体系手册

应用设备管理评价体系,××矿业公司设备管理室定期评价各子公司的设备管理情况,写出评价报告,要求各子公司对发现的问题予以解决。子公司设备管理部定期评价各作业区的设备管理情况,写出评价报告,要求各作业区对发现的问题予以解决。各级设备管理部门定期进行设备管理评价的过程如图 7-23 所示。

××矿业公司设备管理部　　　各子公司设备管理部　　　各作业区的设备

图 7-23　各级设备管理部门定期进行设备管理评价的过程

设备管理评价的项目与配分如表 7-10 所示。

表 7-10　设备管理评价的项目与配分

序号	评价项目	评价的标准	配分
1	方针目标	略	40
2	机构职责	略	40
3	个别改善	略	80
4	初期管理	略	30
5	风险管理	略	30
6	自主维护	略	80
7	点检管理	略	60
8	状态监测	略	40
9	润滑管理	略	60
10	故障管理	略	70
11	专业维修	略	80
12	备件管理	略	50
13	改造设备	略	30
14	后期管理	略	30
15	资产管理	略	30
16	团队成长	略	60

续表

序号	评价项目	评价的标准	配分
17	特种设备	略	30
18	档案管理	略	30
19	知识管理	略	30
20	智能运维	略	40
21	5S 管理	略	30
22	小组活动	略	30
	总配分		1000

设备管理评价是对设备管理水平进行定期的星级评价，评价的结果分为一星级到五星级共 5 个等级。一星级★:初级；二星级★★:合格；三星级★★★:良好；四星级★★★★:优秀；五星级★★★★★:卓越。设备管理评价得分、星级等级及设备管理水平的对应关系如图 7-24 所示。

评价得分	星级	设备管理水平
500分以下	一星级★	初级
501~700分	二星级★★	合格
701~850分	三星级★★★	良好
851~950分	四星级★★★★	优秀
951~1000分	五星级★★★★★	卓越

图 7-24　设备管理评价得分、星级等级及设备管理水平的对应关系

设备管理星级评价体系框架图如图 7-25 所示。

（3）设备管理有标准可依。××矿业公司将所建立的设备管理体系及设备管理评价体系作为标准，统筹各子公司的设备管理，如图 7-26 所示。

（4）目标指标的达成情况。××矿业公司通过推行 TPM，关键设备的故障率显著降低，关键设备的综合效率（OEE）显著提升，如表 7-11 所示。

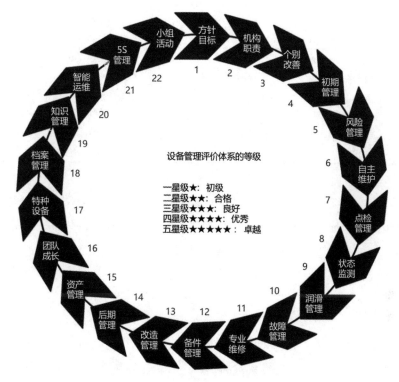

图 7-25 设备管理星级评价体系框架图

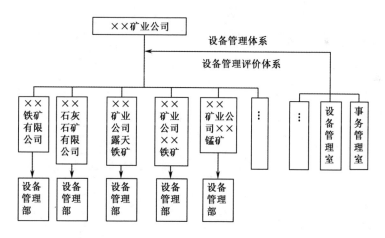

图 7-26 以设备管理体系及设备管理评价体系为标准，统筹各子公司的设备管理

表 7-11 目标指标的达成情况

序号	指标名称	2021 年	2022 年目标	2022 年实际	结果
1	关键设备的故障率	1.2%	0.6%（下降 50%）	0.5%（下降 70%）	达到目标
2	关键设备的综合效率（OEE）	65%	78%（提升 20%）	78%（提升 20%）	达到目标

（5）各子公司准时交付产品的能力显著提升。设备运行非常平稳，各子公司准时完成生产计划，准时向客户交付产品。各子公司各部门尤其是设备部门、生产部门的团队合作意识显著增强。

7.3.8 案例点评

××矿业公司是典型的设备密集型、技术密集型、资金密集型企业，在企业中设备是最重要、最关键的资产之一，设备是 P（生产效率）、Q（品质）、C（运营成本）、S（安全）、D（交期）、M（员工士气）改善的最主要承载体（见图 7-27），所有的改善基本上是以设备为基础展开的，企业经营绩效对设备依赖性非常大。通过推行 TPM，运用精益 TPM 的自主维护及专业维修等理论与方法，××矿业公司建立了设备管理体系及设备管理评价体系，提升了设备管理水平，为企业设备长期的安全、稳定、可靠运行起到了决定性的作用。

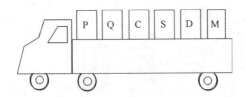

图 7-27 设备是 P、Q、C、S、D、M 的最主要承载体

7.4　A 集团公司的广东××电子有限公司推行 TPM 并开展设备设施管理成熟度评价活动

7.4.1　企业简介

A 集团公司的广东××电子有限公司拥有数十条使用表面贴装技术（Surface Mounted Technology，SMT）工艺的生产线。SMT 工艺流程图如图 7-25 所示。

从图 7-28 可以看出，SMT 工艺的原材料是印制电路板（Printed Circuit Board，PCB）。第一步是钢网印刷，把锡膏印刷到 PCB 的焊盘上；第二步是焊盘上锡检查，检查焊盘上锡的情况；第三步是高速贴片机表面贴装，把电子元件贴到 PCB 相应的位置上；第四步是异形电子元件插装，把一些异型的电子元件插装到 PCB 相应的位置上；第五步是回流焊接炉焊接，将电子元件焊接到 PCB 上；第六步是自动光学检查（Automated Optical Inspection，AOI），检验 PCB 的组装效果。

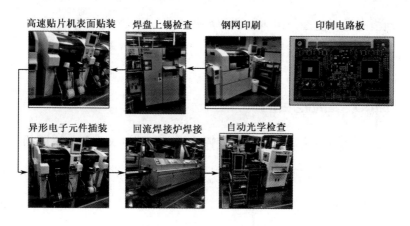

图 7-28　SMT 工艺流程图

7.4.2　开展评价活动的背景

广东××电子有限公司的设备设施管理部主要负责广东××电子有限公司设备设施安全技术方面的管理工作，具体包括如下几个方面的工作职责。

（1）对设备设施进行每半年一次的综合评定。

（2）对设备设施运行状况和运行质量进行周期性（一个月一次）的检查。监督、指导各专业系统对发现的问题进行改善。

（3）向设备设施的采购、改造、大修等部门提供技术支持，协助决策。

（4）制定设备设施的管理指标，并监督、检查实施情况。

（5）编制设备设施相关的技术规程。

（6）依据公司的发展规划，对设备设施的需求进行系统性的规划。

在多年的设备设施安全技术管理工作中，设备设施管理部虽然积累了一定的经验，也制定了设备设施管理的各项规章制度，但没有系统地开展设备设施管理成熟度评价方面的工作，对设备设施管理水平的高低及改善的方向没有进行定性与定量的评估。所以，广东××电子有限公司决定开展设备设施管理成熟度评价活动，编制设备设施的 5 年管理规划。

7.4.3　活动的目的

通过开展设备设施管理成熟度评价活动，达到如下四个方面的目的。

（1）学习、交流设备设施管理方面的经验。广东××电子有限公司可以向外部的设备设施管理专家学习、借鉴设备设施管理方面的经验，提高自身设备设施管理的理论水平。

（2）查找设备设施管理的薄弱环节。借助外部设备设施管理专家的诊断，找出广东××电子有限公司设备设施管理中的薄弱环节，完善设备设施寿命周期管理工作。

（3）建立设备设施管理评价体系。在广东××电子有限公司培养设备设施管理评价师，建立设备设施管理评价体系。通过定期开展设备设施管理成熟度评价活动，引导广东××电子有限公司的设备设施管理水平持续进步。

（4）编制设备设施的 5 年管理规划。

7.4.4 活动的目标指标

开展设备设施管理成熟度评价活动的目标如表 7-12 所示。

表 7-12 开展设备设施管理成熟度评价活动的目标

序号	目标	项目周期
1	举办一次设备设施管理成熟度评价理论培训	
2	编写《广东××电子有限公司设备设施管理成熟度评价报告》并进行现场解读	2020 年 5—12 月
3	建立广东××电子有限公司设备设施管理评价体系	
4	获得设备设施管理成熟度内部评价师资格证书：18 人	

7.4.5 活动的计划

2020 年，广东××电子有限公司开展设备设施管理成熟度评价活动的计划如表 7-13 所示。

表 7-13　活动计划

（图例："Δ"表示计划；"≡"表示已经完成；"—"表示正在实施）

序号	工作内容	5月	6月	7月	8月	9月	10月	11月	12月
1	设备设施管理成熟度评价理论培训	Δ							
2	设备设施管理成熟度现场诊断调研并撰写报告	Δ							
3	编制方针目标评价的内容		Δ	Δ	Δ				
4	编制机构职责评价的内容		Δ	Δ	Δ				
5	编制个别改善评价的内容		Δ	Δ	Δ				
6	编制初期管理评价的内容		Δ	Δ	Δ				
7	编制风险管理评价的内容		Δ	Δ	Δ				
8	编制自主维护评价的内容		Δ	Δ	Δ				
9	编制点检管理评价的内容		Δ	Δ	Δ				
10	编制状态监测评价的内容		Δ	Δ	Δ				
11	编制润滑管理评价的内容		Δ	Δ	Δ				
12	编制故障管理评价的内容		Δ	Δ	Δ				
13	编制专业维修管理评价的内容		Δ	Δ	Δ				
14	编制备件管理评价的内容		Δ	Δ	Δ				
15	编制改造设备管理评价的内容		Δ	Δ	Δ	Δ	Δ	Δ	

续表

序号	工作内容	5月	6月	7月	8月	9月	10月	11月	12月
16	编制后期管理（报废与更新）评价的内容					Δ	Δ	Δ	
17	编制资产管理（含费用预算）评价的内容					Δ	Δ	Δ	
18	编制团队成长评价的内容					Δ	Δ	Δ	
19	编制特种设备管理评价的内容					Δ	Δ	Δ	
20	编制设备档案管理评价的内容					Δ	Δ	Δ	
21	编制知识管理评价的内容					Δ	Δ	Δ	
22	编制智能运维（或设备设施管理信息化）管理评价的内容					Δ	Δ	Δ	
23	编制 5S 管理评价的内容					Δ	Δ	Δ	
24	编制小组活动评价的内容					Δ	Δ	Δ	
25	设备设施管理内部评价师培训、考核、证书颁发							Δ	
26	咨询顾问带领设备设施内部评价师，完成一次模拟评价							Δ	
27	召开成果展示及结题会议								Δ

7.4.6 活动的内容

（1）建立活动的组织架构。

为开展设备设施管理成熟度评价活动而建立的组织架构如图 7-29 所示。

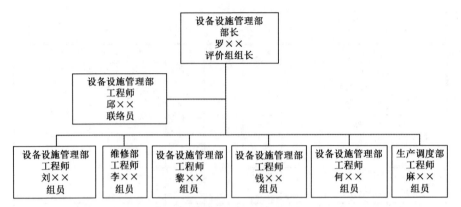

图 7-29　设备设施管理成熟度评价活动的组织架构

组织架构中的各岗位职责如表 7-14 所示。

表 7-14　组织架构中的各岗位职责

序号	岗位名称	职责
1	设备设施管理部（部长罗××，评价组组长）	全面负责评价组的工作，确保设备设施成熟度评价项目达到预期目标，协调公司的各个部门，确保项目按期完成
2	设备设施管理部（工程师邱××，联络员）	项目期间负责与顾问公司的联络及内部各部门具体工作的联络。负责召开月度项目例会，对项目工作进行定期检讨、总结并编写项目进度报告等
3	设备设施管理部（工程师刘××，组员）	1. 负责设备设施管理评价体系建立的技术支持工作。 2. 对评价中发现的问题，负责监督、协调各部门进行改善
4	维修部（工程师李××，组员）	1. 设备设施管理评价体系建立时，在设备设施大修管理改善方面予以支持。 2. 对搬离现场的设备设施进行修复管理。 3. 负责车辆设备大修、综合设备大修、专业维修（电子电气、工务机械）、计量检测等的管理。 4. 预测性维修管理的方案拟定、机制建立及落地实施
5	设备设施管理部（工程师黎××，组员）	在公共设备（水、电、气、真空）方面对设备设施管理成熟度评价活动项目进行支持
6	设备设施管理部（工程师钱××，组员）	1. 在设备设施管理评价体系建立时，在日常维修及维护保养管理改善方面予以支持。 2. 编制设备设施运行的周分析、月度分析报表。 3. 统计设备运行指标（主要是季度利用率、完好率、故障修复率）并进行分析改善活动

续表

序号	岗位名称	职责
7	设备设施管理部（工程师何××，组员）	在设备设施管理评价体系建立时，在特种设备运行管理改善方面予以支持
8	生产调度部（工程师麻××，组员）	在设备设施改善期间，负责安排出时间让相关部门进行改善，并确认改善效果

（2）举行设备设施管理成熟度评价理论培训。

（3）对设备设施进行现场诊断和调研。

（4）评价委员会专家组撰写《广东××电子有限公司设备设施管理成熟度评价报告》。

《广东××电子有限公司设备设施管理成熟度评价报告》的封面如图 7-30 所示。

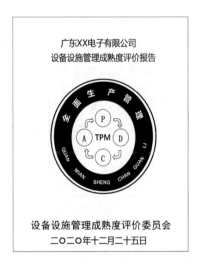

图 7-30 《广东××电子有限公司设备设施管理成熟度评价报告》封面

《广东××电子有限公司设备设施管理成熟度评价报告》的"第三部分：诊断发现的问题及改善建议"是报告的核心部分。这里仅把"方针目标"部分的内容为大家展示。

第三部分：诊断发现的问题及改善建议

对诊断发现的问题及改善建议的几点说明。

（1）设备设施管理成熟度评价的目的是企业挑战自我，追求卓越，不断提升企业的设备设施管理水平。因此，评价委员会专家组针对现场进行抽样评价诊断所发现和梳理出来的问题是需改善点，并非不合格项。

（2）评价委员会专家组提出的改善建议，仅供企业参考。

（3）本报告旨在对广东××电子有限公司的设备设施管理水平进行诊断调研，只代表评价委员会专家组的观点，不针对任何部门和个人。

序号1

（1）评价项目：方针目标。

（2）评价标准的要求：企业应建立设备管理的方针，并利用设备管理方针来指导、策划设备管理各项工作的开展。根据企业的年度经营目标，明确年度设备管理目标，并建立有效的跟踪机制。

（3）诊断问题项：广东××电子有限公司没有建立自己的设备设施管理方针。目前有设备设施的管理目标，但是目标过于单一，不能全方位地反映设备设施的管理状况。

（4）受诊断的部门：设备设施管理部及车辆部。

（5）改善建议

评价委员会专家组给出两个方面的建议。

1）建立设备设施管理方针

建议广东××电子有限公司建立具有自身特色的设备设施管理方针。如可以采用"全员参与，使设备设施在设备寿命周期内为企业最大化地创造价值"为设备设施管理方针。这个方针的含义是"通过全员参与设备设施管理，提高设备设施的投资回报率，使设备设施在寿命周期内为企业最大化地创造价值"。

建议建立设备设施管理方针时，分析企业的核心理念和战略方针，设备设施管理方针要能支撑战略方针的实现。

2）完善设备设施的管理目标

设备设施目前的管理目标是降低故障率。建议设置四个设备设施的管理目标。

（1）降低故障率。

（2）提高投资回报率。

（3）缩短平均故障间隔时间。

平均故障间隔时间（Mean Time Between Failure，MTBF）是表示设备可靠性的指标，指设备设施两次相邻故障之间的平均时间，单位为"小时"。

（4）缩短平均维修时间。

平均维修时间（Mean Time To Repair，MTTR）反映设备设施维修部门的技能水平、反应速度、组织机构效率等，单位为"小时"。

建议设立设备设施的管理目标时，分析企业的年度经营目标，设备设施管理目标可以是企业年度目标的一部分。

广东××电子有限公司获得的星级证书如图 7-31 所示。

（5）评价委员会专家组就《广东××电子有限公司设备设施管理成熟度评价报告》到广东××电子有限公司的现场进行解读。

（6）建立广东××电子有限公司设备设施管理评价体系。

图 7-31　广东××电子有限公司获得的星级证书

（7）开展设备设施管理评价师的培训与考核工作。

广东××电子有限公司设备设施管理成熟度内部评价师的资格证书格式如图 7-32 所示。

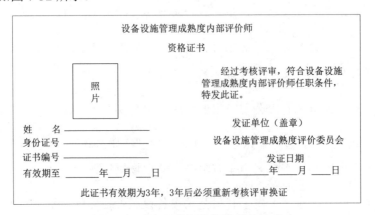

图 7-32　内部评价师的资格证书格式

7.4.7 活动的成果

广东××电子有限公司通过开展设备设施管理成熟度评价活动,达到了预期的效果,如表 7-15 所示。

表 7-15 活动的成果

序号	目标	结果
1	举办一次设备设施管理成熟度评价理论培训	已完成
2	编写《广东××电子有限公司设备设施管理成熟度评价报告》并进行现场解读	已完成
3	建立广东××电子有限公司设备设施管理评价体系	已建成
4	获得设备设施管理成熟度内部评价师资格证书:18 人	共 20 人获得资格证书

7.4.8 案例点评

管理学大师彼得·德鲁克曾经说过"你如果无法度量它,就无法管理它"(If you can't measure it,you can't manage it)。要想进行有效管理,就难以绕开度量的问题。设备设施管理的度量,就是指设备设施的管理成熟度评价。通过管理成熟度评价,可使企业清楚地看到自身设备设施的管理水平到底如何,改进的方向在哪里,以及如何进行改善。在评价并形成改善计划(P)、实施改善(D)、改善效果检查(C)、标准化(A)的 PDCA循环的过程中,评价是第一个环节也是最关键的环节。所以,企业(尤其是设备密集型企业)应该重视并做好设备设施的管理成熟度评价工作。

7.5 A 集团公司的广东××电子有限公司推行 TPM 落地智能运维

7.5.1 企业简介

A 集团公司的广东××电子有限公司的简介见"7.4.1 企业简介"。

7.5.2 推行智能运维的过程

1）智能运维之前的状况

广东××电子有限公司在开展智能运维之前，设备的运行及工艺参数是单机维护，不能互联互通，不便于管理。设备运行过程及结果的参数分散存储，无法实施集中管控及查询。设备状态监测没有全局及可视化工具的支撑，设备状态监测无法实现。预防性维护由人为判断做出决定。

2）业务需求

广东××电子有限公司借推行 TPM 之机推行智能运维，主要有以下几方面的需求。

（1）构建设备综合管理平台，实现设备全寿命周期的集成管理；

（2）实时实现与设备的参数交互，实现设备运行监控，动态掌握生产线及设备的工作状态；

（3）应用增强现实（Augmented Reality，AR）、虚拟现实（Virtual Reality，VR）等进行远程安装调试及维修指导，便于及时解决生产现场设备的疑难问题；

（4）实现设备的预测性维护保养，自动监控设备异常，及时给予预警，并处理设备异常，以保证高水平的设备运转率（可开动率）。

3）智能运维方案

（1）建立标准设备集成接口规范，建立标准网络设备安全规范，进行设备数据的采集交互，实现设备运行状态的实时监控，在设备异常前能及时预警，实现预测性维护。

（2）AR、VR 等新技术应用设计，减少设备故障处理时间，降低设备异常损失的成本。

（3）智能运维方案框图。

广东××电子有限公司的智能运维方案框图如图 7-33 所示。

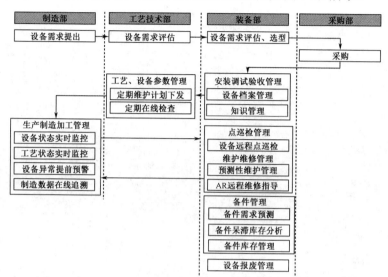

图 7-33 智能运维方案框图

4) 智能运维的实现

广东××电子有限公司建立了设备远程智能运维中心,对企业的生产线设备实行实时集中监控,这也是企业制造的调度指挥中心。设备远程智能运维中心如图 7-34 所示。

图 7-34 设备远程智能运维中心

设备远程智能运维系统的 SCADA 设备监控界面如图 7-35 所示。

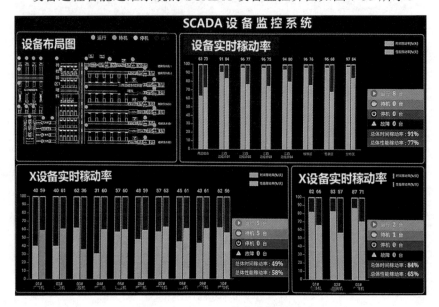

图 7-35　SCADA 设备监控界面

7.5.3　案例点评

智能运维（Artificial Intelligence for IT Operations，AIITO）指的是将人工智能或其他高级分析技术应用于运维领域，是实时提供规范性和预测性答案的软件系统。通过智能运维，能发现和解决传统自动化运维无法解决的问题。

广东××电子有限公司借推行 TPM 之机推行智能运维，在传统运维的基础上逐步实现智能运维，使设备管理水平实现了质的突破。该公司增大投入，钢网印刷、焊盘上锡检查、高速贴片、异形电子元件插装、回流焊接炉、AOI、ICT、FCT、包装等几大关键工序，在三年多时间内接入近500 台设备用于智能运维的建设，数据监测点超过 5000 个，建立了设备状态监测、智能诊断、设备故障预警、检修方案推送、维修计划与生产计划自动结合、设备远程智能运维中心等智能运维系统。通过三年时间进行智能运维建设，该公司的突发故障率下降 50%，设备故障停机时间下降60%，维修成本投入下降 50%，减少了备品备件库存，提高了设备有效运行时间和效率，提高了设备管理与维修人员的工作效率，提高了其生产制造的服务质量。

第 8 章

A 集团公司的自动化

A 集团公司在 2013—2022 年的两个 5 年计划期间，在生产过程自动化、产品检验自动化、产品包装自动化、物料流自动化及信息流自动化等方面开展了大量的工作。最近 10 来年，随着人口红利结束，出现了劳动力短缺的现象，人工成本大幅度上升，尤其是 A 集团公司广东的工厂，位于制造业发达的地区，出现了招工难、用工荒的现象，工厂不得不导入大量自动化设备取代工人的工作，当地政府也出台了一系列的政策鼓励企业"机器换人"。下面就以 A 集团公司广东××电子有限公司为例，介绍在该公司开展的"机器换人"的两个例子。

8.1　广东××电子有限公司简介

广东××电子有限公司简介请见"7.4.1　企业简介"。

8.2　异形电子元件插装工序以自动化机器取代工人

从图 7-28 可以看出，SMT 工艺流程主要工序包括钢网印刷、焊盘上锡检查、高速贴片机表面贴装、异形电子元件插装、回流焊接炉焊接等工序。其中异形电子元件插装工序，改善前是安排工人进行人工插件的，每一条 SMT 生产线有 6 人（插件工位 1～插件工位 6）负责异形电子元件插装，如图 8-1 所示。

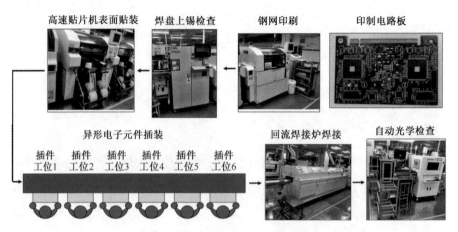

图 8-1　改善前的 SMT 工艺流程图

如图 8-2 所示为插件工位 1～插件工位 6 中某位员工正在进行异形电子元件插入 PCB 的工作。

图 8-2　插件工位的工人正在将异型电子元件插入 PCB

在异形电子元件插装工序使用人工插件，存在如下两个方面的不足。

（1）人力成本高、速度慢、效率低；

（2）容易出现漏插或插件不规范的情况，影响 PCB 的质量。

所以，广东××电子有限公司决定导入异形电子元件自动插装机。导入异形电子元件自动插装机后的 SMT 工艺流程，如图 7-28 所示。

使用异形电子元件自动插装机的好处如下。

（1）提高了生产效率，降低了成本（一台设备可以取代 6 名工人）。

（2）异形电子元件自动插装机能将元件精确地安装到 PCB 上，提高了插件的准确度，确保了 PCB 的质量。

（3）异形电子元件自动插装机能自动检测插装到 PCB 上的异形电子元件的位置，从而帮助工厂及时发现插装中存在的问题，并及时解决问题，能确保 PCB 的质量。

8.3　使用自动导引运输车取代人工运送物料

在广东××电子有限公司的 SMT 制造车间里，涉及大量的物料运送工作。在自动化改善前，采用的是人工推着小推车载着物料送料的模式，小推车如图 8-3 所示。

经过改善团队的反复论证，决定导入自动导引运输车（Automated Guided Vehicle，AGV）代替人工运送物料。AGV 如图 8-4 所示。

图 8-3　小推车　　　　　　　　图 8-4　AGV

改善团队经过反复论证，最终确定的 SMT 制造车间 AGV 物流自动化线路图，如图 8-5 所示。

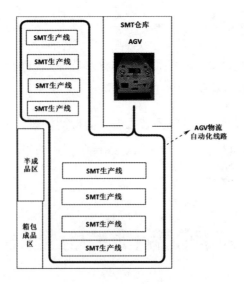

图 8-5　SMT 制造车间 AGV 物流自动化线路图

在 SMT 制造车间导入 AGV 后，AGV 携带着物料移动运送物料，如图 8-6 所示。

图 8-6　AGV 携带着物料移动运送物料

SMT 制造车间导入 AGV 代替人工运送物料后，共减少了 12 名物料运送人员。

第 9 章

A 集团公司的信息化

在"7.1 A集团公司简介"中已经介绍过，A集团公司是一家产业多元化的公司，共有三个方面的主营业务。一是电子产品基板组装，汽车电子产品成品组装；二是包括自动刷牙机、电动剃须刀、燃气报警器、充电器等在内的小电器产品；三是生产和销售铁矿。生产这些产品的不同企业，他们的信息系统是不一致的。下面仅以A集团公司的信息化为例来介绍。

9.1 A集团公司的部门、所用的信息系统及演变历程

A集团公司的部门及所用的信息系统如图9-1所示。这些信息系统能够满足企业不同部门业务管理的需求。

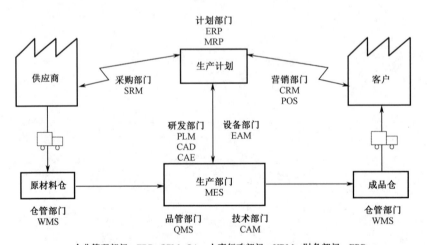

图9-1 A集团公司的部门及所用的信息系统

　　A 集团公司的信息化系统是经过多年逐步演变而形成的,如今看到的信息化工厂是经过十多年的持续建设和一步步改造才得以建成的。A 集团公司信息化系统的演变历程如图 9-2 所示。

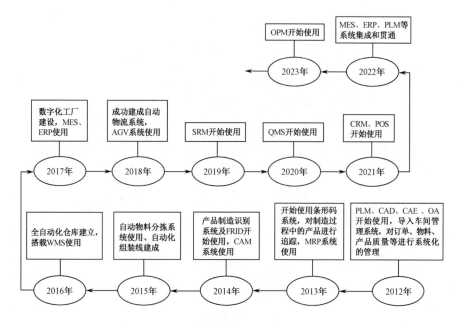

图 9-2　A 集团公司信息化系统的演变历程

9.2　A 集团公司的方针管理系统简介

　　在"5.3 信息化"中已经介绍了 IT 技术可以有效地帮助企业业务流程的落地实施,可以帮助企业将业务流程进行优化、重构和固化。所以,把年度方针的编制、实施、稽核与调整、考评与激励有关的业务流程 IT 化(信息化),是确保年度方针落地实施的有效手段。本节对 A 集团公司方针管理系统的情况进行简单介绍。

　　目前市面上企业的信息管理系统非常多,但有关企业方针管理(或目标绩效管理)的系统并不太多,非常专业的方针管理(或目标绩效管理)系统就更加少。所以,A 集团公司也是在 2022 年才开始导入方针管理系统来提升企业的方针管理水平的。图 9-3 是 A 集团公司方针管理系统中的一个界面。

A集团公司方针管理系统																	
方针管理	目标管理	举措管理	目标分析会议	问题整改任务	目标完成评估	报表管理	协同工具										
A集团公司	经营绩效	重点工作	职能绩效	雷区指标													
深圳XX电子有限公司	导入 导出	新增 编辑 删除 发布	指标汇总	部分 段结果统计													
广东XX电子有限公司																	
XX矿业有限公司		指标名称	总目标值	汇总目标值	权重	计量单位	阶段对比统计	完成率	总目标值	汇总目标值	权重	计量单位	阶段对比统计	完成率	阶段完成率	阶段累计目标	阶段累计实际	目标值	操作
运营管理中心	□	深圳XX电子有限公司销量	930000台	930000台	42	台		100%	*****	*****				*****				
战略管理中心	□	广东XX电子有限公司销量	*****	*****														
财务管理中心	□	XX矿业有限公司销量	*****	*****														
	□	收入	*****															
	□	税前利润总额	*****															

图 9-3　A 集团公司方针管理系统中的一个界面

A 集团公司推行精益 TPM，推行方针管理近 10 年。其在应用方针管理系统之前的不足与应用之后的优势对比，如表 9-1 所示。

表 9-1　应用方针管理系统之前的不足与应用之后的优势对比

序号	对比的内容	应用方针管理系统之前的不足	应用方针管理系统之后的优势	结果
1	方针管理相关流程的执行	方针管理相关流程在线下执行，如果有的流程环节未执行，通过相互沟通后，也可以继续往下执行，需要补的手续可以后面再补，甚至不补也没人管	当方针管理相关流程在线上运行时，必须执行的操作没操作，必须填写或提供的数据未填写或未提供，流程会停止往下执行，方针管理系统能极大地保障线上方针管理相关流程的刚性执行，几乎不存在人为干预的可能性	方针管理系统能固化方针管理相关流程，保障流程的执行力
2	方针管理相关流程执行的可视化	方针管理相关流程的执行状况不透明，在流程的哪个环节停滞了，需要逐个人工查询或询问	1. 方针管理系统可以提供方针管理的流程图、流程步骤和流程状态的可视化展示，方针管理流程参与者可以清晰地了解整个流程的结构和流程中的每个步骤，有助于更好地理解和执行流程。 2. 例如，张三在方针管理系统中需要对一份文件进行审核、批准与发布。当张三将流程发起后，流程需要经过哪些环节，这些环节需要谁审批，哪些环节已经	方针管理系统能将方针管理相关流程执行情况可视化

续表

序号	对比的内容	应用方针管理系统之前的不足	应用方针管理系统之后的优势	结果
2	方针管理相关流程执行的可视化	方针管理相关流程的执行状况不透明，在流程的哪个环节停滞了，需要逐个人工查询或询问	处理了，哪些环节还没处理，在流程里可以一目了然地看到。若流程在某个环节还没处理，如果时间比较紧急，张三就可能会直接打电话给这个环节的负责人，请他赶紧处理（审核或批准）。如果距离近，张三甚至可以亲自去找该环节的负责人快速处理	方针管理系统能将方针管理相关流程执行情况可视化

A 集团公司导入方针管理系统之后，大大提升了企业的方针管理水平的。图 9-4 显示的是方针管理系统的"主营业务收入年度增长情况分析"。图 9-5 显示的是方针管理系统的"举措实施情况"。

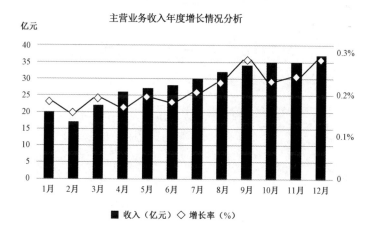

图 9-4 主营业务收入年度增长情况分析

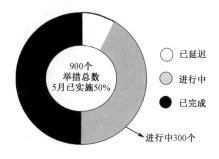

图 9-5 举措实施情况

第 10 章

A 集团公司的数字化

A 集团公司通过数字化转型对企业整个业务流程进行数字化打通，打破子公司各部门之间及各子公司之间的壁垒，打破数据壁垒，实现跨部门、跨子公司的数据互联互通，这会牵涉 A 集团公司所有的组织、流程、系统，甚至有可能会影响到企业的上下游产业链。

企业数字化转型使 A 集团公司的销售渠道、商业模式、工作模式等得到全面的重塑与创新。

10.1　A 集团公司数字化转型的三大阶段及成果

A 集团公司的数字化转型历经了数字化 1.0、数字化 2.0、数字化 3.0 三个阶段。图 10-1 是 A 集团公司数字化转型的演变历程。

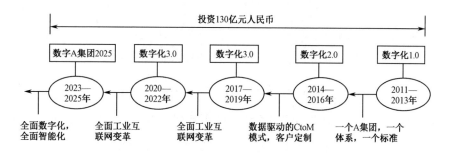

图 10-1　A 集团公司数字化转型的演变历程

下面对数字化 1.0、数字化 2.0、数字化 3.0 这三个阶段做简单的介绍。

1）2011—2013 年，数字化 1.0

在"7.1 A 集团公司简介"中已经介绍过，A 集团公司是一家产业多元化的公司，共有三个方面的主营业务，有众多的子公司。A 集团公司在信息化的过程中是碎片化建设，在信息化过程中缺乏系统性的规划，具体表现如下。

（1）各子公司之间根据自己的业务需求构建自己的系统，即各子公司之间是分散进行信息化建设的。A 集团公司各子公司的系统分散建设示意图如图 10-2 所示。

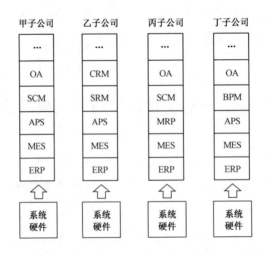

图 10-2　A 集团公司各子公司的系统分散建设示意图

（2）子公司内部的各个部门，依据各自部门的业务有自身的信息化系统，如设备管理部的设备管理系统、能源管理部的能源管理系统等。A 集团公司的甲子公司各业务部门的系统，如图 10-3 所示。

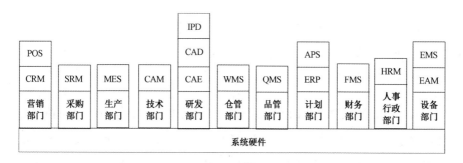

图 10-3　A 集团公司的甲子公司各业务部门的系统

（3）各子公司信息化建设时期不同步，导入的信息系统来自不同的供应商。

A 集团公司在信息化过程中的碎片化建设，导致出现如下三方面的问题。

（1）导致各子公司信息系统之间数据不能贯通，形成信息孤岛和数据烟囱。

（2）各子公司内部的信息系统之间也存在数据不能贯通的问题，形成信息孤岛和数据烟囱。

（3）数据中心建设得非常臃肿，信息运营速度迟缓。例如，集团董事长要一份报表，各子公司可能需要大半个月的时间进行整理才能做出来。

A 集团公司在 2011 年时曾经做过统计，整个 A 集团公司大概有 110 多套系统，系统林立，存在系统之间缺少关联、系统间数据定义不标准、系统功能模块重复建设等方面的问题。随着 A 集团公司的发展，业务的结构越来越多元，并且差异性很大，业务区域不仅在中国，而且想走向全球。所以，A 集团公司 2011—2013 年启动数字化治理项目，下定决心将各个子公司的系统统一化。将"一个 A 集团、一个体系、一个标准"这"三个一"作为系统建设的基本原则，对系统进行改造及重新构建。具体做法就是建立数据顶层建设规范，统一规范了数据底层标准、标识解析体系，对原有的系统逐步进行了改造，减少了 50%中间件的应用，数据中心缩容了 40%，系统运营效率提升了 40%。这一过程，称为 A 集团公司的数字化 1.0。

A 集团公司的数字化 1.0 完成之后，彻底改变了以往各子公司各搞一套的做法，在 A 集团公司内拉通、集合了各子公司的业务信息系统，在 A 集团公司实现了"流程统一、数据标准统一、系统统一"。自此，各子公司的所有经营过程都可以实时查看，当年 A 集团公司的创始人每天早上必须看的各类纸质报表，在数字化 1.0 完成之后，在手机上都可以随时随地查看。

2）2014—2016 年，数字化 2.0

2014 年以后，A 集团公司全面推行从消费者到生产者（Customer to Manufacturer，CtoM）的客户定制模式，从传统的"以产定销"转型为"以销定产"，让消费者的数据驱动 A 集团公司的经营生产，这对 A 集团公司生产的柔性交付及生产效率管控提出非常高的要求。A 集团公司随即开展了"迈向数字化 2.0"的工作，以支撑"以产定销"转型为"以销定产"这一业务模式的转型。A 集团公司通过数字化 2.0 的落地实施，主要解决了如下两个方面的问题。

（1）将所有结果型管理向过程型管理进行推进，即既要管结果，又要管过程。

（2）通过 CtoM"以销定产"，以客户定制的模式拉动研发和柔性生产的过程。

3）2017—2022 年，数字化 3.0

2017 年，A 集团公司开始建设工业互联网，将设备等工业资产连接起来，构建了 A 集团公司的工业互联网平台。目前，这个工业互联网平台已经在 A 集团公司内部进行了大力推广及多次升级。图 10-4 是 A 集团公司为建设工业互联网平台导入数据采集监控系统　（Supervisory Control And Data Acquisition，SCADA），在现场设备上安装的数据采集设备。图 10-5 是电脑监控现场设备的运行数据。

图 10-4　现场设备上安装的数据采集设备

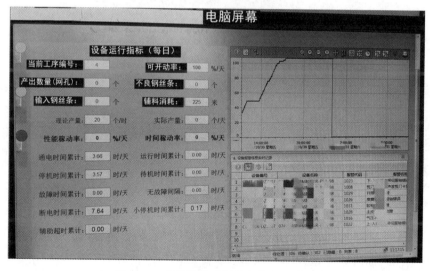

图 10-5　电脑监控现场设备的运行数据

A 集团公司通过工业互联网平台的投入，获得了相关的荣誉。其位于广州的××工厂是 A 集团公司的第一个灯塔工厂，获得了国家工业互联网创新试点示范单位；××工厂是 A 集团公司的第二个灯塔工厂，获得了国家工业互联网"5G+工业互联网"的应用示范园区称号。

4）A 集团公司的数字化系统框架

A 集团公司的数字化转型在历经了数字化 1.0、数字化 2.0、数字化 3.0 三个阶段之后，形成的 A 集团公司的数字化系统框架如图 10-6 所示。

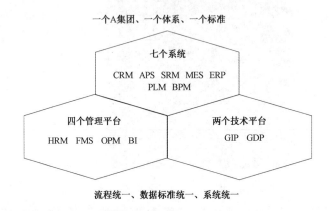

图 10-6　A 集团公司的数字化系统框架

在图 10-6 中，"BI"是指商业智能（Business Intelligence，BI）。"GIP"是 A 集团公司的信息平台（Group Information Platform，GIP），GIP 是 A 集团公司的统一信息发布平台和集成的办公平台，各单位、各用户可在 GIP 上进行信息交流。"GDP"是 A 集团公司的开发平台（Group Development Platform，GDP）。

5）数字 A 集团 2025

A 集团公司现在仍然会遇到很多困难，也面临很多挑战。但其数字化转型的方向是坚定不移的，会越来越深入地开展这方面的工作。2023 年年初，A 集团公司发布了 "数字 A 集团 2025"的规划，提出了全面数字化、全面智能化的战略，开启了下一阶段的数字化转型之路。同时，"数字 A 集团 2025"的规划涉及全价值链中的各个合作伙伴、供应商及销售伙伴，希望通过全面数字化、全面智能化来驱动 A 集团公司向数字驱动型科技集团转型。

10.2 数字化转型使 A 集团公司的销售渠道发生了改变

A 集团公司的数字化转型历经了数字化 1.0、数字化 2.0、数字化 3.0 三个阶段之后，在集团层面实现了一致性的管控，尝到了集团管控一致性所带来的企业运营高效率、低成本、可视化的甜头。而后，又利用数字化的工具、思维方法、创新手段，在企业整个价值链上的各个环节进行了一些数字化改造的尝试。如在销售渠道上，A 集团公司就进行了大幅度的转型。

销售渠道一般是指产品的生产厂家通过某种通路将产品销售给最终消费者的过程，销售渠道可以是从生产厂家直接到产品终端卖场（零售商），然后销售给最终消费者，也可以是从生产厂家经过各层级的经销商到零售商，然后销售给最终消费者。产品生产厂家必须通过这些销售渠道才能将产品销售到消费者的手中，才能完成销售的目标，所以，人们常说"得渠道者得天下"或"渠道为王"，这说明了销售渠道对产品生产厂家的重要性。

下面以 A 集团公司销售一台电磁炉为例来说明数字化转型前后销售渠道发生的变化。图 10-7 是数字化转型之前电磁炉的销售渠道。

| A集团公司的电磁炉制造工厂 | → | A集团公司的仓库 | 物流 | 省级经销商的仓库 | 物流 | 地级市经销商的仓库 | 物流 | 县级经销商的仓库 | 物流 | 零售商的仓库 | → | 最终的消费者 |

图 10-7　数字化转型之前电磁炉的销售渠道

图 10-7 所示的销售渠道，不足之处是电磁炉从 A 集团公司的仓库到达零售商的仓库，要经过 4 次调拨周转，物流成本高、铺货周期长，铺货时间需 1～2 个月。

随着同行竞争的加剧和各种线上业务的冲击等，A 集团公司利用数字化的工具、方法，开发了"A 集团公司销售云平台"，极大地缩短了销售渠道，成功地实现了销售渠道的数字化转型。零售商只要在自己的手机上下载、安装 A 集团公司销售云平台，就能在上面订购 A 集团公司的电磁炉，然后从 A 集团公司的仓库直接通过物流发货至零售商的仓库，大大地缩短了电磁炉的销售渠道，节约了物流成本，缩短了铺货的时间。电磁炉的物流费用，从 A 集团公司的仓库到零售商的仓库，平均每台只要 13 元。图 10-8 是数字化转型之后电磁炉的销售渠道。

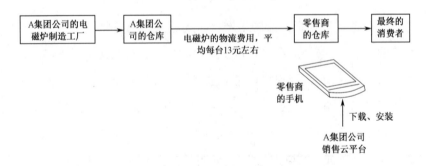

图 10-8　数字化转型之后电磁炉的销售渠道

零售商利用 A 集团公司销售云平台进行交易，实现了买者与卖者相互之间不见面的交易（人不见人的交易），也就是说任何零售商要购买 A 集团公司的产品，不用认识 A 集团公司的任何人，不用与 A 集团公司的任何人打交道，也不用像以前一样进行产品销售的对账，在 A 集团公司销售云平台上一键就能完成产品购买的所有交易。

10.3　数字化转型使 A 集团公司的商业模式发生了改变

商业模式简单来说就是利用何种方式实现盈利。企业的商业模式具体是指企业利用自己的产品或服务，满足客户的需求，从而实现盈利的方式与方法。

A 集团公司的数字化转型完成了数字化 1.0、数字化 2.0、数字化 3.0 三个阶段之后，再利用自身掌握的数字化工具、思维方法与创新手段，向智能家居方面进行发展，在智能家居方面进行数字化改造与创新。

以前 A 集团公司生产及销售的是单个家电，如抽油烟机、燃气灶、电冰箱、消毒柜等。现在，A 集团公司利用数字化技术，开发了"A 集团公司人因智能系统"的软件平台，这实际上是一个操作平台，把家庭中所有与家电有关的电器设备集成在一起，为家庭提供这样一个解决方案，如图 10-9 所示。相比以前家庭中分散使用的各种家用电器，A 集团公司人

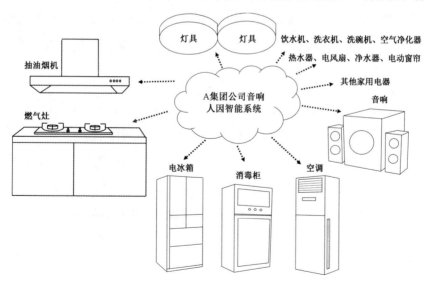

图 10-9　A 集团公司人因智能系统把家庭所有的电器设备集成在一起

用智能系统集成的所有家电全部智能化。所以，这个解决方案带给客户的体验与价值较以前分散使用各种家用电器是完全不一样的。并且，客户使用 A 集团公司的这个解决方案，是不可轻易被替代的，还需要 A 集团公司提供很长时间的维修服务，也就是 A 集团公司会有很长时间的销售后的收入。

所以，数字化技术让 A 集团公司商业模式发生了改变，在商业模式方面实现了数字化转型。

10.4　数字化转型使 A 集团公司的工作模式发生了改变

A 集团公司的数字化转型完成了数字化 1.0、数字化 2.0、数字化 3.0 三个阶段之后，员工的工作方法也发生了根本性的变化。例如，现在 A 集团公司有一个叫作"驾驶舱"的功能，每个在 A 集团公司工作的员工，都有自己的"驾驶舱"。"驾驶舱"由以前经验驱动的管理，变成由数据驱动的管理，再变成"数据+经验"的管理，其中经验体现在数据的运算逻辑模型中。

A 集团公司的员工依据自己的权限，可以用手机看到与自己工作相关的实时数据。管理层通过"驾驶舱"能对公司的运营情况一目了然。例如，产品出、入仓的情况，年度收入、支出、现金流、产品销售、营销回款等的情况。此外，还可以看到与竞争企业的比较，如竞品出口分析等。当然，"驾驶舱"根据每个员工岗位职责和权限范围提供不同的数据，辅助员工做决策。例如，提供预警，某个经营指标不好，该指标就会从蓝灯变成红灯等。

　　现在 A 集团公司的高层管理人员无论是在国内出差还是在国外出差，都不用携带电脑，只需携带一个手机，在手机上就可以完成需要做的所有事情。在出差过程中，高层管理人员看得最多就是自己的"驾驶舱"，在其"驾驶舱"里，所有企业运营的数据都能看到，所有需要其处理的业务都能处理。也就是说，数字化转型使 A 集团公司员工的工作方法发生了根本性的变化。

第 11 章

A 集团公司的智能化

11.1 A 集团公司的广东××五金有限公司简介

当你走进机加工车间，只听到机器工作时发出的"吱吱嘎嘎"声，各种各样的机器正在有条不紊地运行着,偌大的车间现场只有几个人在慢悠悠巡视，与想象中工厂工人繁忙、生产热火朝天的景象相差甚远。看到这样的场景时，请不要吃惊，因为你已经来到了 A 集团公司的一座智能制造赋能下的新型智能工厂——广东××五金有限公司（简称"××五金公司"）。

××五金公司的主要任务是为 A 集团公司供应各种五金件及机加工件，也承接 A 集团公司外部客户的订单，其生产模式是典型的多品种、小批量。××五金公司主要工序包括下料、粗加工、热处理、精加工、折弯、冲压、钻孔等。图 11-1 是××五金公司的主要设备数控加工机床，图 11-2 是其典型产品小家电使用的轴。

图 11-1　数控加工机床

图 11-2　小家电使用的轴

11.2　××五金公司 10 年前的情况

10 年前，××五金公司还是一间半人工半机械化的五金机械加工厂，那时的工厂，从数字化、智能制造的角度看，存在如下五个方面的不足。

1）自动化设备较少采用，自动化覆盖率低

自动化覆盖率低，主要体现在如下几个方面。

（1）在机加工现场，数控加工设备较少，只有 3 台数控磨床，5 台数控车床，2 台数控折弯机及 1 台数控剪板机，其余均为普通机床。

（2）焊接工序自动化率低，仅有一套焊接机器人加工板类零件，其余焊接与辅助工作均由焊接工人手工完成。

2）产品装配环节主要依靠手工

（1）装备工作主要依靠手工完成，组装效率低下，交期延误时不能及时地预警或发现，大型配套的部件装配依靠车间的大吊车转移，等待耗时长。

（2）不合理的布局导致向库房领料的路径较长。装配中领料、等料时间占比过大。

3）质量检验缺乏先进的手段

（1）质检员的质检工作主要依靠人工使用卡尺和千分尺测量进行。

（2）成品检测无法做到及时、准确、有效，导致发生质量问题后无法及时、详细地判断质量事故的类别。

（3）依靠人工检测判断合格与否，存在波动性大、检测的一致性差等问题，无法进行长期、可靠、稳定的检测作业。

（4）检测数据需要人工统计，在二次汇总后才能向上级汇报，数据整理周期长、效率低、准确度低、规范性差、时效性滞后。

4）信息化建设存在断层，车间管理存在"黑匣子"

（1）有一定的信息化手段，实现了无纸化办公，保证了办公信息的准确、及时传递。

（2）在生产系统，信息化建设较差，与其他部门相比信息化程度显著滞后。车间管理由于信息化程度不足，导致上级领导无法准确、及时地掌控生产进程。车间生产数据不透明，生产进程没有可视化，"黑匣子"现象明显。

5）供应链各相关环节存在信息孤岛

（1）生产系统需要机械加工部门、产品装配部门、质量检测部门、仓储部门、设备安全部门等多个环节统一协调工作，才能正常运转。但在实际运营过程中，存在各部门不协调的问题，各环节的信息不能准确、及时地传递，导致信息孤岛的产生。

（2）因为信息孤岛，上级领导不得不抽出大量的时间和精力，去协调各部门之间相互配合，无法主动发现问题及解决问题。

11.3 ××五金公司的智能化工厂建设

11.3.1 智能化工厂的层级

随着 A 集团公司推行数字化 1.0、数字化 2.0、数字化 3.0 三个阶段的转型，A 集团公司提出进一步数字化及智能化的要求，××五金公司意识到智能制造已经成为自身发展的必然趋势。智能制造是指运用物联网、大数据、人工智能、5G 等新兴技术来构建生产链。××五金公司智能化工厂的层级，如图 11-3 所示。

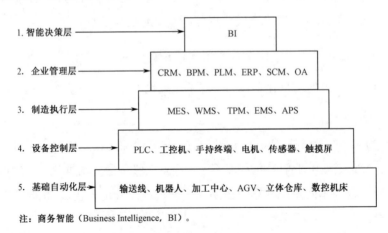

注：商务智能（Business Intelligence，BI）。

图 11-3　××五金公司智能化工厂的层级

从图 11-3 可以看出，××五金公司的智能化工厂分为五个层级，分别是智能决策层、企业管理层、制造执行层、设备控制层、基础自动化层。
在这五个层级中，低层级对高层级起到支撑的作用。

11.3.2　智能化之前先数字化

建设智能化工厂之前先数字化，是指在计算机的虚拟环境中，对××
五金公司整个智能化工厂建设的过程进行仿真，建成数字模型进行评估、
优化、改进，并进一步对整个产品生命周期的过程进行仿真。这是现代数
字技术与计算机仿真技术相结合，作为沟通智能化工厂的设计和建设、产
品的设计和制造之间的桥梁使用。

（1）对生产场景进行仿真。包括对车间布局、产品、生产线、制造单
元、生产过程控制等进行全方位的仿真。

（2）生产计划和组织数字化。采用信息化手段对生产计划、物料需
求、人员安排等进行管理。

（3）生产过程数字化、可视化。

（4）生产结果管理数字化。将产品质量、能耗、人员用工管理等纳入
信息化、数字化管理。

11.3.3　智能化工厂的建设

智能化工厂是运用物联网、大数据、人工智能、5G等新兴技术构建
的生产链。××五金公司的智能化工厂要在数字化工厂的基础之上，利用
这些新兴技术，加强信息管理服务，提高生产过程的可控性，减少生产线
的人工干预，采取合理的计划排程，构建成高效、节能、绿色、环保、舒
适的人性化工厂。

智能制造赋能下的××五金公司，其智能化工厂所采用的技术及其效

果，用如下两个典型的例子予以说明。

1）物联网技术的应用

物联网是××五金公司智能化工厂的核心。物联网技术的使用相当于给××五金公司添加了神经中枢及神经网络，有了神经中枢及神经网络，××五金公司的智能化工厂才算是具备了智慧。

物联网技术应用之后产生的效果，典型的就是能预测和监控设备的稳定性。在实施智能化改造之前，××五金公司在生产过程中不能知道设备的运行状况，只能凭借工人的经验来判断设备的好坏，很多时候，直到设备损坏了才停机维修，会造成较大的损失。应用物联网技术实施智能化改造之后，××五金公司的大量设备都得益于物联网技术的应用，可以通过实时感知的数据明确产品物料的情况，以及设备故障所在的位置，并给出预警及推荐的处理方案。在高速率、海量接入 5G 技术的支撑下，××五金公司自动化产线上的传感器数据可以实现本地收集、本地管理，工程师们可以从后台读取任何一个工站或任何一台设备的实时运行状态，并针对这些数据做一个定量的大数据分析，来预测和监控设备的稳定性。

事实上，通过应用物联网技术，××五金公司生产过程中所有的因素都能被精准控制，有效地消除了车间管理存在"黑匣子"的现象，实现了生产的可视化、智能化。

2）机器视觉技术的应用

除了物联网这样的神经中枢及神经网络，××五金公司的智能化工厂还具备了感知器官，而机器视觉正是人工智能领域应用最多的一个感知器官。品质检测一直是××五金公司中繁重琐碎的一道工序，也是阻碍制造工厂智能化的痛点。前面已经讲过，××五金公司以前在产品质量检测环节，更多是靠工人的经验进行产品检测，会导致产品出现漏检，工作效率低下，变相地给企业增加了成本。伴随着自动化机械手和视觉识别技术的出现，质检的难题被轻松化解。机器视觉利用高分辨率的摄像头能生成大量的图像或视频数据，通过与质量标准进行对比，能准确地判断产品是否符合质量要求。在××五金公司，机械视觉已经被广泛地应用于对加工零件表面划痕、凹陷等进行检测，是实现优质产品生产及降低成本的理想选择。

11.3.4　智能化工厂建设的效果

10年间，随着5G、人工智能、物联网、边缘计算、云计算、大数据等新一代信息技术在××五金公司逐步普及应用，开展智能化工厂的建设，××五金公司在技术与管理方面成效斐然，有了如下几个方面的显著变化。

（1）生产过程完全实现了自动化。

（2）产品装配环节完全实现了自动化。

（3）质量检验及质量管理全面实现自动化、智能化。

（4）车间管理存在的"黑匣子"现象彻底消除，能准确地感知企业、车间生产、设备等的实时运行状态，企业运行实现了可视化。图11-4是××五金公司××车间设备状况实时显示的一个例子。

（5）供应链各相关环节互联互通，信息孤岛彻底消失。智能制造系统对企业运营能自动做出判断、选择和调整。

（6）在工厂的面积保持在10000平方米左右，员工数量保持约1000名基本不变的情况下，产能提升了6倍之多，更为重要的是产品质量大幅度提升，减少了95%以上的不良品。

　　智能制造赋能下的××五金公司，将新的信息技术与制造技术深度融合，预示着一个全新的智能时代已经到来，为××五金公司的高质量发展注入了强劲的活力。

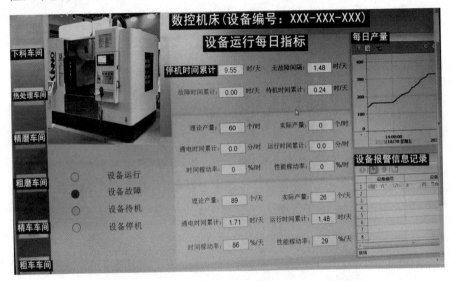

图 11-4　××五金公司××车间设备状况实时显示

参考文献

[1] 刘大永. 图解全面闭环化生产维护[M]. 北京：人民邮电出版社，2020.

[2] 刘大永. 图表解精益全面生产管理 TPM 推行实例[M]. 北京：机械工业出版社，2021.

[3] 刘大永. ISO 55001:2014 资产管理体系标准解读与实施[M]. 北京：企业管理出版社，2020.

[4] 四川省质量管理协会.方针目标管理指南[M]. 四川：四川辞书出版社，1989.

[5] 俞世洋 刘利军. 人本精益[M]. 北京：机械工业出版社，2017.

[6] 陈平. 方针管理模式[M]. 武汉：武汉大学出版社，2021.

[7] 嵇国光，赵菁. 现代领导的锐器——方针目标管理[M]. 北京：中国标准出版社，2002.

[8] 杨锦洲. 方针管理[M]. 上海：复旦大学出版社，2005.

[9] 杨建宏，殷卫民，黄华编著. 精益生产实战应用[M]. 北京：经济管理出版社，2010.

[10] 成沢俊子（Narusawa Toshiko）. 丰田改善直达车[M]. 李兆华，译. 台北：中卫发展中心，2007.

[11] 中华人民共和国国家质量监督检验检疫总局，中国国家标准化管理委员会. 制造业自动化 术语 GB/T 15312—2008[S]. 北京：中国标准出版社，2008.

[12] 中华人民共和国国家质量监督检验检疫总局，中国国家标准化管理

委员会. 制造业信息化 技术术语 GB/T 18725—2008[S]. 北京：中国标准出版社，2008.

[13] 国家市场监督管理总局，国家标准化管理委员会. 智能制造能力成熟度模型 GB/T 39116—2020[S]. 2020.

[14] 中国机械工程学会. 智能制造工程技术人员国家职业技术技能标准[S]. 2021.